城市地下立交隧道
明挖施工关键技术

Key Technology of Open Excavation Construction for
Urban Underground Interchange Tunnel

黄　锋　张继云　杨庆国　韩　西　刘建松　著

重庆大学出版社

内容提要

本书依托的金州大道与星光大道延伸段节点改造工程位于重庆市两江新区大竹林片区，为全互通地下立交工程，共包含 13 条匝道，是采用明挖法修建的典型地下立交工程。本书针对施工过程中的有限空间基槽开挖、复杂地下结构混凝土现浇、回填土质量控制等技术难题，综合室内实验、数值模拟、现场监测等手段，针对明挖基槽基础形式、复杂地下结构自密实混凝土性能、回填土材料及其密实度控制方法等方面进行了系统深入的研究，形成了山地城市明挖隧道结构的优化施工工序、回填密实度标准及控制措施等多项创新成果。

本书共 9 章，内容涵盖土夹石、砂卵石、泡沫轻质土等多种回填土材料的优化施工工艺与密实度、沉降控制方法，并探索了复杂地下结构现浇自密实混凝土材料的高效性和适用性；分析了多层分叉复杂地下明挖隧道结构的传力机理和受力特征，对回填施工工序进行了优化，并基于可靠度分析方法验证了方案的合理性。

本书可供从事地下结构设计和施工工作的技术人员参考，也可供高等院校相关专业师生学习使用。

图书在版编目（CIP）数据

城市地下立交隧道明挖施工关键技术／黄锋等著.
重庆：重庆大学出版社，2024. 10. -- ISBN 978-7
-5689-4899-9

Ⅰ.U455.45

中国国家版本馆 CIP 数据核字第 2024PG0031 号

城市地下立交隧道明挖施工关键技术
CHENGSHI DIXIA LIJIAO SUIDAO MINGWA SHIGONG GUANJIAN JISHU
黄 锋 张继云 杨庆国 韩 西 刘建松 著
策划编辑·夏 雪

责任编辑：姜 凤 版式设计：夏 雪
责任校对：刘志刚 责任印制：赵 晟

*

重庆大学出版社出版发行
出版人：陈晓阳
社址：重庆市沙坪坝区大学城西路 21 号
邮编：401331
电话：(023)88617190 88617185(中小学)
传真：(023)88617186 88617166
网址：http://www.cqup.com.cn
邮箱：fxk@ cqup.com.cn (营销中心)
全国新华书店经销
重庆升光电力印务有限公司印刷

*

开本：720mm×1020mm 1/16 印张：13.75 字数：197 千
2024 年 10 月第 1 版 2024 年 10 月第 1 次印刷
ISBN 978-7-5689-4899-9 定价：68.00 元

前　言

在地下空间诸多开发形式中,地下交通因其能缓解城市交通拥堵、城市耕地紧张和拓宽城市地表空间等优势,成为现代城市交通发展的主要方向之一。相比传统地面立交,地下立交不仅具有节约土地资源,还具有更高的交通转换效率,在新一轮城镇化建设中发挥着重要作用。随着越来越多的城市开始修建地下立交工程,明挖法因其经济、高效等特点,成为城市地下立交工程修建的主要方法。为了实现立体交通转换,多层隧道结构的交叉分布不可避免,导致众多隧道结构间相互作用机制复杂。在有限空间条件下,隧道结构浇筑和回填沉降变形控制难度极大。此外,在明挖回填过程中,施工对附近敏感地层和既有建筑物容易造成扰动甚至破坏。目前,虽然单一隧道明挖回填施工技术相对成熟,但难以满足复杂城市地下立交隧道的施工要求。

开展城市地下立交隧道明挖施工关键技术研究,不仅能够为类似明挖回填地下工程施工积累宝贵经验,而且有助于提升相关行业技术水平。本书以重庆两江新区的星光大道延伸段与金州大道节点立交改造设计工程为依托,专注于山地城市明挖地下立交工程施工过程的关键技术问题,重点针对砂卵石、土夹石和泡沫轻质土等回填土材料以及自密实混凝土材料的物理力学性能进行系统分析,总结出高效、科学的施工工序和质量标准,为类似项目提供参考和指导。

本书系统地阐述了砂卵石、土夹石和泡沫轻质土等回填土材料以及自密实混凝土材料的施工工艺流程,并对采用不同材料回填时隧道的受力、位移等进行分析。最后通过可靠度分析验证了该方案的可行性。全书共9章,第1章介绍了本书依托的项目背景、意义以及目前国内外的研究现状。第2章介绍了城市地下立交隧道基槽各项基础施工的施工工艺。第3章通过室内实验对自密实混凝土的配比进行优选,并基于优选结果对自密实混凝土浇筑工艺进行研究。第4章通过室内实验和数值模拟对砂卵石的性能进行研究优选,基于优选结果探究砂卵石回填响应和回填土压力变化规律,并对砂卵石回填工艺效果进行分析。第5章通过室内实验对泡沫轻质土进行研究并进行优选,基于此形成泡沫轻质土施工工艺并进行研究。第6章通过数值模拟和现场监测对深厚回填区隧道结构受力进行研究,并根据结果对回填施工参数进行优化。第7章通过数值模拟和现场监测探究隧道回填施工时下穿隧道的位移和应力变化规律。第8章采用理论分析的方法对明挖立交隧道下穿隧道时可靠度进行分析,验证了方案的可行性。依托的金州大道与星光大道延伸段节点改造工程,由中铁二十四局集团西南建设有限公司承建,综合施工工期约5年,预计于2024年12月土建完工,通过明挖隧道结构浇筑、回填材料及施工工艺等技术创新,突破了复杂城市条件下明挖地下立交隧道的安全快速建造的相关技术难题。建成后的地下立交有效缓解了区域交通压力,推动了重庆主城都市区的高质量发展,实现了较好的社会效益和经济效益。

　　本书由黄锋负责组织、统稿,具体编写分工如下:第1、9章由张继云编写,第2章由刘建松编写,第3、5章由杨庆国编写,第4、6章由黄锋编写,第7、8章由韩西编写。本书的编写得到了重庆交通大学史小熊、余廷舜、姜铭丰、陈千里等研究生的大力支持和帮助,中铁二十四局集团和各参建单位提供了大量工程资料,在此向所有参编人员的辛勤付出表示衷心的感谢!

　　由于作者水平有限,书中难免存在疏漏和不足之处,敬请各位专家和读者不吝赐教,多提批评指导意见,以利修正。

著　者

2024 年 1 月

目　录

第1章 绪 论

1.1 研究背景及意义

自改革开放以来,我国城镇化逐渐提上日程,城镇化速率不断提升。从1978年的近18%提升到2023年的65.6%,而城镇化的快速发展与人口高密度化带来的是城市建筑拥挤、交通堵塞以及雾霾污染等严重的"城市病"。如何改善城市环境、拓展城市空间、提高城市交通承载能力是我们亟须解决的关键问题。21世纪被认为是属于地下空间的世纪。据统计,在地下开发出相当于城市地表1/3的空间,就能容纳城市地表全部建筑。这表明城市地下空间的开发和利用具有巨大的发展潜力和空间优势。城市地下空间的开发和利用包括地下商场、地下交通、地下停车场等,这些地下建筑物的出现极大可能缓解城市化带来的"城市病"。在地下空间诸多开发形式中,地下交通因具有缓解城市交通拥堵、城市耕地紧张和拓宽城市地表空间等优势,成为现代城市交通发展的主要方向之一。

在经济高速发展的背景下,城市对交通设施的需求越来越高,常规的地面交通模式必然会过多占用城市有限的土地资源,而城市地下道路由于能够保护环境和节约土地资源,逐渐成为城市交通的一种合适选择。重庆作为我国西南地区唯一的直辖市,为响应国家开展区域市场一体化建设的号召,推动成渝经济圈的发展,在共同完善市场基础设施建设方面,需要加强构建一体化交通运输网络、协同提升物流网络运营能力,预计 2025 年成渝地区双城经济圈内基础设施实现互联互通。此外,还包括城区的扩建、公路网的建设,这些交通公路网在一定程度上缓解了主城区的交通压力。在城市特殊周边环境及复杂地质条件下,为了满足地下空间综合开发利用的需要,地下道路建设势必对工程区域内的敏感地层和既有建(构)筑物造成不同程度的扰动乃至破坏。除此之外,复杂的城市地下道路,在有限的地下空间内,需要布置大量的上跨、下穿隧道工程,各类地下工程结构间的相互作用关系以及施工方法复杂。从重庆地区目前的交通发展现状及长远规划来看,地下交通成为重庆未来交通建设的主要发展方向之一,但日趋密集的城市地下交通网将不可避免地出现隧道结构上覆、下穿等空间分布特征以及多种材料与隧道结构间相互作用的复杂形式,各类小净距、空间交叠、连拱等隧道结构的施工相互影响效应不容忽视。由于上覆隧道施工、多种填土回填施工对下穿隧道产生的持续扰动,使下穿隧道支护结构的稳定性及力学特性持续弱化,受力规律的不明确性在严重时将导致结构倾覆、冒顶等危害。因此,研究明挖立交下穿隧道在上覆隧道及多种材料共同作用下的结构受力、变形规律和稳定性非常有必要。

1.2　依托工程

1.2.1　工程概况

金州大道与星光大道延伸段节点改造工程位于重庆市两江新区大竹林片区,东临重光立交约 1.3 km,西侧距大云立交约 1.4 km;南侧距照母山立交约 2.5 km;北侧距龙塘立交约 3.0 km,如图 1.1 所示。本项目包含星光大道延伸段主线道路建设及星光大道延伸段与金州大道节点立交改造设计,立交为全互通,共包含 13 条匝道,其中 A,D,E,I 匝道为远期建设内容,不包含本次施工范围。

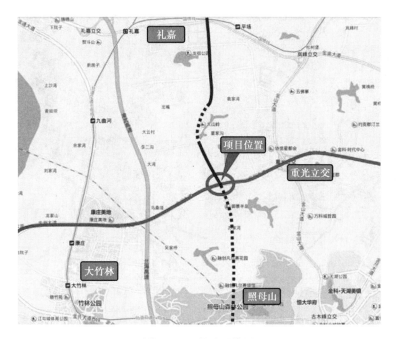

图 1.1 工程地理位置

本次施工范围内匝道总长 4 157.178 m,其中 B,C,F,G,H,L 匝道为双车道匝道,设计速度为 30 km/h;J,K,M 匝道为单车道匝道,设计速度为 30 km/h;主要结构物包括 8 条隧道、1 座上跨匝道钢桥、1 座拼宽桥、5 座人行天桥和 43 段挡墙,隧道平面布置如图 1.2 和图 1.3 所示,拟采用明挖法施工修建。

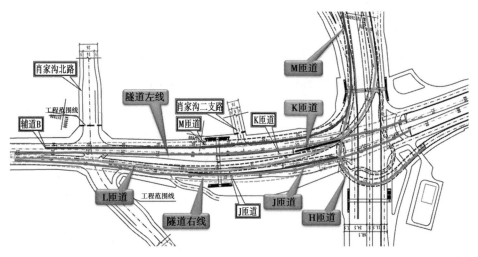

图 1.2 隧道平面布置图

(a) BIM 地下隧道　　　　　　　　(b) BIM 地面工程

图 1.3　隧道平面 BIM 图

星光大道延伸段采用隧道方式分离主线过境交通,隧道为双向 6 车道,分左右线分别布线;地面层分为 A,B,C,D,E,F 6 条辅道,为城市次干路,双车道标准,其中辅道 A~D 设计速度为 40 km/h,辅道 E 和辅道 F 的设计速度为30 km/h,辅道分别与沿线交叉道路平交,服务周边地块,如图 1.2 和图 1.3 所示。

(1)交叉口范围内立交共 5 层分布

①地上一层为金州大道西侧回头匝道 F 匝道。

②地面层为金州大道集散匝道 C 匝道、G 匝道与星光大道延伸段地面辅道两侧 T 形平交。

③负一层为星光大道延伸段的主线右线隧道、主线左线隧道,以及连接主线左右线的地面匝道。此外,还包括 J 匝道、K 匝道及金州大道东侧回头匝道 B 匝道。

④负二层为金州大道至星光大道延伸段(北)定向左转匝道 H 匝道及 H 匝道至主线左线右转匝道 M 匝道。

⑤负三层为主线右线隧道至金州大道(西)左转定向匝道 L 匝道。

(2)主线线位

金州大道改造段内为现状拟合,改造范围为起点桩号 K18+922.600,终点桩号 K20+259.694,全长 1 337.094 m。

主线右线起点顺接星光隧道右线,起点桩号 K1+068.527,终点与主线北线顺接,终点桩号 K2+904.170,全长 1 835.643 m。

主线左线起点顺接星光隧道左线,起点桩号 K1+067.787,终点与主线北线顺接,终点桩号 K2+889.660,全长 1 821.873 m。

主线北线起点接主线左右线,起点桩号 K2+904.170,向北延伸,终点工程范围线桩号 K3+045.851,全长 197.603 m。

基于拟建项目的工程特点,该课题需要深入探讨回填区大开挖工程特性、新型回填材料、复杂隧道结构设计施工理论和信息化施工等几个方面的关键问题和技术难题。

使用传统回填材料进行回填时,需要使用压路机不断分层碾压以达到预定的压实度。从实际回填使用效果看,传统回填材料在回填深度较大时经常出现工后沉降不均的情况。此外,传统回填材料存在自身自重大的缺点,随着城市地下隧道埋深的不断加大,回填高度不断增加,传统回填材料容易对隧道造成较大的土压力,对回填区域底下的隧道安全造成威胁。加上复杂地下道路构成立交路网结构构造复杂、受力特性机理尚不明确,施工方法还缺乏可借鉴的成功经验,急需开展相关科学研究工作,以提高工程施工安全性和生产效率。其成果不仅可以直接应用于依托工程,确保依托工程顺利建设,而且对后续类似工程建设具有重要的参考和借鉴价值,同时对进一步丰富明挖法隧道施工技术储备、提升行业技术水平进步具有重要的现实意义。

1.2.2 工艺流程

首先进行隧道定位放线,这是确保隧道按照设计路线准确施工的第一步。其次进行基坑开挖,这一阶段需要精确控制开挖的深度和范围,以确保隧道结构的稳定性。接下来的是隧道结构浇筑,这一步是构建隧道主体结构的核心环节,需要使用高强度混凝土,并确保浇筑质量。再次进行基坑回填,这一步是为了恢复地表地貌,同时确保隧道周围的土壤稳定。最后进行路面及洞内交通附属设施施工,包括铺设道路、安装照明、通风等系统,以确保隧道的正常使用和交通安全。整个工艺流程需要严格按照设计规范和施工标准进行,以确保隧道工程的质量和安全。回填工艺流程图如图 1.4 所示。

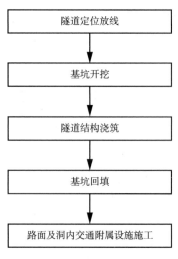

图 1.4　回填工艺流程图

1.2.3　重点和难点

本工程为上下五层全互通立交结构,存在多层不同结构形式的立交隧道,由于施工时间紧迫,工序多,并且有反复交叉作业,因此,在进行地下立交复杂结构浇筑和明挖隧道土方回填时,将面临以下技术难题,同时需要对施工面进行必要的安全保护。

①主体结构混凝土构件大多结构形式复杂,为防止结构混凝土开裂,必须采取有效措施减少混凝土的水化热,如控制混凝土入模温度、添加外加剂、控制水泥用量等措施。

②由于浆体含量相对更为丰富和砂率较高,自密实混凝土的自收缩和干燥收缩一般大于普通混凝土,同时弹性模量较低,在浇筑一些尺寸较大或受到较强约束的结构时,如地下侧墙等,通常会带来更高的开裂风险。

③因砂卵料无黏聚性,使用后退法卸料时,不可避免地会导致已压实部分的表面松散。因此,在控制铺料厚度过程中应予考虑,应多次试验确定铺料厚度,以确保碾压质量。

④泡沫轻质土是通过泡沫作为主体产生作用的,固化前泡沫的密度及数量尤为重要。由于施工地域不同、原材料不同,都会有不同程度的消泡情况。对复杂的料源与地域差异,难以做出强制要求,只能通过施工前的消泡试验来鉴定材料与发泡剂的适应性。

⑤由于虚铺土过厚,或者夯实的次数不够多,甚至是漏夯,坑(槽)底有机体或掉下的土没有清除,施工用水渗入垫层等都会引起回填土下沉。

⑥如果回填土不够紧密,则在夯实前,需对干燥的土进行适当湿润。如果回填土过于潮湿,也会造成夯实不良,出现"橡皮土"现象,此时必须将其开挖,重新进行填筑。

⑦为了确保填筑过程中的压实均匀程度和压实度,防止碾轮下陷,提高压实效果,应采用轻型推土机进行压实,采用低转速预压 4~5 次,使平面平实;对碎石土用振动压路机进行压实时,要先静压,再振压。

⑧在同一压实功条件下,填料的含水率是影响其压实质量的直接因素。比较干的土壤,因为土壤中的颗粒间有很大的摩擦力,所以很难进行压实。在土壤含水量适宜的情况下,水分对土体起着润滑作用,使土粒之间摩阻力降低,从而便于压实。

1.3　工程地质与水文条件

1.3.1　地质构造

项目所处位置以构造剥蚀浅丘地貌为主。地貌已大部分人为施工改造,山体开挖,沟谷回填,地形较为平整。施工回填区坡地为 12°~50°,施工开挖岩质裸露坡体为 40°~60°,土质坡体为 20°~45°,星光大道延伸段到现有金州大道一带施工挖填微地貌高差有所起伏,形成分级坡体地形。所经地段位于金鳌寺向斜北端头部西侧近轴部位置,金鳌寺向斜的构造线走向为北 5°~30°东,呈"S"形展布,地层为 J2S。

据场地基岩露头调查,岩层产状 299°∠9°~353°∠10°,优势产状取 305°∠10°,未发现有断层通过。岩层层间结合差,微张,面较平直,偶见岩屑充填,属软弱结构面,场地内未见断层及次级褶皱,场地地质构造简单。

砂岩中实测主要发育两组裂隙:L1 产状 217°∠82°~269°∠75°,优势产状取 243°∠78°,一般闭合~微张,面较平直,偶见钙质充填,结合差,属硬性结构面;L2 产状 300°∠85°~351°∠74°,优势产状取 326°∠79°,一般闭合~微张,面较粗糙,偶见钙质充填,结合差,属硬性结构面。

1.3.2 地层岩性

根据钻探成果及区域资料,线路区主要出露地层为第四系人工堆积层,残坡积层,侏罗系的沙溪庙组基岩,其岩性按新至老分述如下:

(1)第四系

①素填土(Q4ml):杂色,以灰色、褐黄色、褐红色为主,干至湿。主要由砂泥岩块石、碎石角砾及粉质黏土组成。块石边长高一般为 20~500 mm,不规整,在既有路面范围以表层路面层、下部碎石角砾土为主,粒径经过筛选及机械压实,多为中密—密实状态,其余地段填土组成较为复杂,在不同地段差别较大,人行道多含有碎砖块、混凝土块等,压实度较差,多为松散—稍密状。施工回填地段以松散为主,局部坡地面大块石抛填,均匀性差。场地素填土厚 0.2~38.6 m,厚度较薄的多分布于山体开挖区,厚度较大的分布于原沟谷地形回填区。

②粉质黏土(Q4el+dl):褐色、黄色、紫红色,天然状态呈可塑状,压缩性中等,无摇振反应,干强度中等,韧性中等,断面稍有光泽,由上而下块角砾含量渐

增,残坡积,与下伏基岩强风化带呈渐变过渡。场地分布不连续,透镜体分布,局部地点存在,厚 0.5~8.2 m。

（2）侏罗系

沙溪庙组（J2s）基岩为泥岩、砂岩。

①泥岩（J2s-Ms）:暗红色、红褐色、紫褐色,泥质结构,薄-厚层状构造,遇水易软化,脱水极易风化崩解,成分以黏土矿物为主,大多含粉砂质较重,含青灰色泥质、砂质条带、团块,局部含大量钙质结核,部分地段有砂岩夹层,厚度小,质软。整个场地皆有揭露,为本场地主要岩层。场地基岩面起伏局部坡度大,多为施工填土与基岩形成的岩土界面,坡度为 10°~50°。

②砂岩（J2s-Ss）:黄色、灰色、灰白色,中细粒结构,中-巨厚层状构造,钙质胶结,矿物成分主要为长石、石英等,质较硬。部分钻孔有揭露,局部含泥岩角砾。

1.3.3　水文地质条件

根据区域水文地质资料和收集资料,按照各段不同的地下水赋存条件,沿线地下水主要有以下两种类型:

（1）第四系孔隙水

该层地下水主要分布在局部地势较低地段,赋存于填土层中,大气降水、沟渠和地下管网渗漏水为其主要补给源。一般条件下水量小,局部汇水处会形成一时段的较高水位,场地无统一联系水位。

（2）基岩裂隙水

裂隙水主要贮存在基岩裂隙中,强风化基岩风化裂隙发育,富水性好,中风化基岩主要为泥岩和砂岩,岩体较完整。泥岩为相对隔水层,砂岩裂隙较发育,富水性一般,总体渗透性较差,含水性较弱。

勘察区地下水的补给源主要为大气降水补给,自高处向地势低洼处排泄,具有排泄路径短、周期短的特点。

大气降雨后沿地面或下渗后形成径流,多进入市政管网,部分进入地势低洼一带,形成潜水或向更低点排泄;地下水径流方向主要受既有市政管网及地形控制;地下水的排泄主要为向市政排水管网径流,其次为大气蒸发。

钻探水文观测,抽干循环水后,水位无恢复,地下水贫乏,无统一联系水位。

填土孔隙性变化较大,为中~强透水层,随填土组成及密实程度变化而变化。粉质黏土为弱透水层。强风化基岩风化裂隙发育,为中等透水层。中等风化岩体较完整,裂隙较发育,为弱透水层。

1.3.4　特殊性岩土

拟建道路段内存在大量厚度差异较大的素填土,其以砂泥岩块石、碎石角砾及粉质黏土为主,存在湿陷、不均匀沉降等特征,其回填时间长短不一。填筑过程存在不均匀、密实度较差、承载能力较低、力学性质变异较大、可压缩性较高等特点,如果未进行压实,将会引起路基的不均匀沉降,场地回填土被认定为特殊性岩土。

1.4　国内外研究现状

1.4.1　城市地下立交建设情况

随着城市地下道路的快速兴起,越来越多的城市开始修建地下快速路。在两条地下快速路的交叉口处,为了实现道路交通的快速转换,修建地下立交是最好的交通结构形式。地下立交交叉口处有 3 条隧道分界点,开挖跨度大,结构和围岩受力复杂,通常是设计、施工的难点。星光大道地下立交隧道结构如图 1.5 所示。

图 1.5　星光大道地下立交隧道结构

2013 年 12 月 25 日,南京青奥轴线地下交通工程主体全面完工。该工程地处长江三桥和长江隧道之间,与多条主干道和青奥中心主要建筑相接,车流量较大。由于匝道较多,隧道相互叠交错落,形成了地下三层的复杂立交结构,总建筑面积达 5.5 万 m^2,是目前我国最大规模的地下综合交通枢纽工程。图1.6展示了南京青奥轴线地下立交工程的详细布局和设计特点。

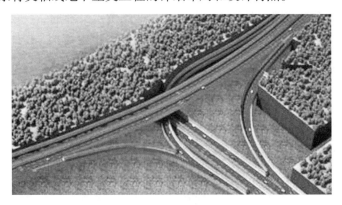

图 1.6　南京青奥轴线地下立交工程示意图

2011 年 10 月 29 日,湘江首条过江隧道——营盘路湘江隧道正式竣工通车。这是国内首条江底立交,对同时期其他类似工程的筹划与设计提供了宝贵的借鉴经验。隧道总长 8.5 km,设计车速 50 km/h。隧道多次穿越湘江大堤与地层破碎带,在建设过程中解决了一系列技术难题,尤其是江底分岔大跨段的施工,由于跨度较大,导致开挖面过大、稳定性较差。营盘路湘江隧道的工程实践,意味着我国在复杂地质条件下修建地下工程的科技水平实现了新的突破。图 1.7 展示了营盘路湘江隧道的外观设计,该图通过视觉化的方式让人们直观地感受到隧道的设计规模。

图 1.7　营盘路湘江隧道效果图

崔健武以苏州城北路隧道跨地铁 2 号线为例,对明挖隧道跨地铁施工方法进行研究,并借助有限元软件 Midas-GTS 对地铁隧道变形的影响展开分析,提出了合理的施工对策及安全措施。

张民庆等以明挖铁路隧道为例,通过现场监测及数值模拟分析了明洞发生开裂的原因,认为合理的结构浇筑时机、模板支护以及回填时机可以有效控制结构裂缝的产生。

欧孝夺等以南宁五象新区平乐大道浅埋明挖大跨度隧道为例,通过现场试验对结构在回填过程中的应力时程变化展开分析,认为合理的施工方法和地基处理方法可以有效控制结构内力和变形。

蒋树屏等通过三维有限元软件对厦门东坪山地下立交工程隧道正交下穿段的施工过程进行动态模拟,分析下穿段开挖时,地下立交正交下穿段的位移和应力变化情况,并由此制定了设置防护钢拱架等施工措施。靳宪鑫等通过三维有限元模拟对采用钻爆法时地下立交的上下立交和平交两种情况下动态力学特性进行研究,并对方案的合理性进行验证。闫自海提出一种小洞开大洞,然后横挖,最后反向开挖的施工方法和工序,并采用数值仿真和监控测量对地下交叉区的主应力和变形进行分析。黄俊等采用现场调研、结构检测等方法对地下立交渗漏水病害的成因以及结构安全进行研究。许艳林对大型城市地下立交的结构形式、施工关键技术等进行介绍,并采用三维有限元模型对隧道沉降位移进行计算,最终确定使用双侧壁+临时横撑法施工开挖,采用三层支护结构的方案。吴胜忠提出了明挖隧道与暗挖隧道的判别标准,并从断面形式、建筑材料及施工等方面对明挖隧道结构设计进行了论述。杨延洪等分析了两江新区的路网结构和交通改善措施,提出近接地建筑物关键技术措施等,并进行了重难点分析。杨三资等通过三维数值模拟软件对采用台阶法、CD 法、CRD 法和双侧壁法施工时对地下立交地表沉降、洞周变形和塑性区分布特征进行分析,最后得出 CRD 法和双侧壁法在控制沉降和变形方面效果更好。

目前,关于城市地下立交工程,国内外学者已开展了大量的研究,但其研究形式较为单一,研究成果不够全面、深入,各种近接法的受力机制尚不明确。在目前的情况下,对此类工程的处置往往要么措施太过保守,浪费太多,要么风险太大,或者太过盲目,从而引起安全隐患。因此,深入、系统地研究城市地下立交的受力机制和应对措施显得十分必要。

1.4.2 复杂地下结构的施工技术

隧道工程在山区、丘陵地带的公路建设中比较常见,相比一般的土建工程,隧道工程施工现场的空间更加狭小,而且因为需要在山体内进行施工,相比地面工程,隧道工程施工空间有限,施工条件恶劣,但由于地下结构维护困难,往往对结构施工质量,尤其是防水、抗裂等性能有很高的要求。

杜伟通过非线性动力时程分析法和静力计算法对复杂大跨度明挖现浇隧道的抗震性能进行分析,结果表明,在采用设防措施时,结构未进入塑性阶段,结构的安全性良好。陈英振对抗裂性评估方法和评估结果进行研究,并从原材料选择、大体积混凝土抗裂性能技术指标及参数等方面对抗裂性评价方法进行论述,最后提出控制开裂的施工工艺措施。宋子鹏对明挖现浇隧道的防水体系和施工要点进行了阐述,在施工过程中采用了结构自防水、隧道外防水、变形缝、施工缝防水和附加防水涂料等多种防水措施,并取得了良好的防水效果。周欣等针对水下明挖隧道现浇施工时容易出现裂缝的问题,在优选原材料、优化配合比等方法的基础上,进一步掺加具有温生抑制及微膨胀效果的抗裂剂,工程应用结果表明,低温生高抗裂混凝土未发生渗漏及贯穿性裂缝等现象。任冬生分别对环向垂直、纵向水平和特殊施工缝防水设计进行介绍,并列举在施工中要注意的细节和施工方法。陈飞设计了一种管廊新型模板台车和新型混凝土浇筑装置,优化了混凝土浇筑、整平和振捣工艺,解决了传统施工工艺施工效率低、易出现质量问题等难题。吴博将明挖现浇技术与管廊施工相结合,进一步提高了施工质量和施工效果。

在对地下立交这类复杂隧道结构进行施工建设的过程中,混凝土施工质量会对工程整体的施工质量和施工安全产生直接影响。从施工单位的角度,在进行浇筑混凝土施工前,必须切实做好施工现场的勘察工作,了解隧道围岩的结构特点,依照设计标准做好混凝土性能指标参数的合理控制,把握好各个工序环节的技术要点,提高混凝土浇筑施工的质量,确保其能够真正达到设计施工方案的要求。图 1.8 所示为混凝土现浇施工,从图中可以看出各个环节都已做好。

图 1.8　混凝土现浇

1.4.3 明挖隧道回填施工技术

近年来,城镇化速度加快,城市交通压力日益增加,城市地下交通得到了空前发展,城市地铁发展迅速,我国大多数省会城市及大城市都在争先恐后地发展地下交通。地下铁路、地下道路成为城市交通的热门话题。我国是一个修建隧道的大国,在修建数量、建设里程、建造技术上都有重大突破。目前,隧道的三大修建技术为:明挖、暗挖和浅埋暗挖。其中,明挖隧道是指先将隧道部位的岩(土)体全部挖除,然后修建洞身、洞门,再进行回填而修建的隧道。回填压实过程如图 1.9 所示。明挖法作为一种常见的施工方法,工序简单,主要工序为基坑开挖、隧道基坑支护、隧道主体施工、防水施工、回填等,施工质量容易控制,占据着隧道建设技术的重要角色。在复杂的地质条件下,开挖不稳定,地层埋深很浅难以形成稳定的土拱,明挖隧道具有其他隧道不可取代的优点。此外,明挖隧道的造价比暗挖法和浅埋暗挖法的工程造价低。

图 1.9 回填压实

明挖隧道在施工期间的力学行为处于动态的变化过程,目前许多学者对明挖隧道的力学行为变化规律进行了大量研究。欧孝夺等对超大断面条件下箱形明挖隧道施工期间的力学特性进行了分析,并监测了其现场实测数据的变化情况。陈良杰对明挖隧道施工期间的变形特性与运营期间的内力效应进行了研究,建立了相应的明挖隧道健康监测系统。王祥秋等对软土地层条件下明挖隧道受渗流和卸荷耦合的影响进行了深入研究,并分析了其力学特性。黄明琦等针对某海底隧道入口处回填以后,由于地基承载力不足而导致的不均匀沉降问题,建立了荷载结构计算模型,并对比分析了回填前后隧道结构的变形、受力和安全系数,指出要着重对回填过程中隧道结构的变形进行监测。杨茜建立了三维数值计算模型,研究隧道结构与周围土体相互之间的作用关系,并通过施加局部荷载作用,分析了隧道结构的纵向变形。李兴国等通过 ANSYS 有限元软件采用荷载结构法对浅埋明挖隧道各部位的受力特点进行分析,并计算了隧道各部分的裂缝宽度。国际隧道协会(International Tunnelling Association, ITA)考虑了隧道的纵向变形特性,并沿纵向选择了几个特殊断面进行计算,从而判断结构的安全性。李明等通过数值仿真研究了采用泡沫轻质土对高填方明洞二次回填结构受力特性的影响,确定出泡沫土的合理置换范围并以此指导实际施工;余大龙等通过数值计算与现场观测研究了填方高度对明洞衬砌结构运营安全的影响;周广平采用数值仿真和现场监测得出明挖隧道在施工过程中拱腰处比拱肩处更容易出现塑性应变;黎康通过理论计算和数值模拟,对双层明洞衬砌和在不同施工步骤中填土的内力和变形进行了分析。徐湉源等采用数值分析与现场测试相结合对高填方双层衬砌明洞的结构内力进行了研究。

目前,国内外学者对明挖隧道的研究已积累了一定的成果和经验,但大多数都集中在单一断面形式的结构,而对复杂情况下并行明挖隧道结构的研究相对较少。明挖隧道施工期间对周围环境的影响较大,且回填材料的力学参数具有不确定性,目前对明挖隧道结构的安全评价方法相对单一,施工阶段复杂结构的可靠性分析方法和手段研究还不够深入。

第2章　城市地下立交隧道基槽基础施工

2.1　明挖隧道基槽放坡开挖

2.1.1　坡率设计

在实际应用中,根据工程类比原理,通过对既有稳定性斜坡的坡率值进行分析,得出土坡的坡率容许值。在缺乏经验的情况下,如果土质质量好,地下水少,没有不良的地质现象,可按表2.1确定。

表2.1　土质边坡坡率允许值

边坡土体类别	状态	坡率允许值(高宽比)	
		坡高小于5 m	坡高5~10 m
碎石土	密实	1∶0.35~1∶0.50	1∶0.5~1∶0.75
	中密	1∶0.50~1∶0.75	1∶0.75~1∶1.00
	稍密	1∶0.75~1∶1.00	1∶1.00~1∶1.25
黏性土	坚硬	1∶0.75~1∶1.00	1∶1.00~1∶1.25
	硬塑	1∶1.00~1∶1.25	1∶1.25~1∶1.50

注:来源于《建筑边坡工程技术规范》(GB 50330—2013)。

在保证边坡总体稳定性的前提下,采用工程类比法的方法,通过对既有稳定边坡的坡率值进行分析,从而确定边坡的坡率容许值。对于无外倾的软弱构造面,可按表 2.2 计算。

表 2.2　岩质边坡坡率允许值

边坡岩体类型	风化程度	坡率允许值(高宽比)		
		H<8 m	8 m≤H<15 m	15 m≤H<25 m
Ⅰ类	微风化	1:0.00~1:0.10	1:0.10~1:0.15	1:0.15~1:0.25
	中等风化	1:0.10~1:0.15	1:0.15~1:0.25	1:0.25~1:0.35
Ⅱ类	微风化	1:0.10~1:0.15	1:0.15~1:0.25	1:0.25~1:0.35
	中等风化	1:0.15~1:0.25	1:0.25~1:0.35	1:0.35~1:0.50
Ⅲ类	微风化	1:0.25~1:0.35	1:0.35~1:0.50	—
	中等风化	1:0.35~1:0.50	1:0.50~1:0.75	—
Ⅳ类	中等风化	1:0.50~1:0.75	1:0.75~1:1.00	—
	强风化	1:0.75~1:1.00	—	—

本工程边坡的第一级边坡为岩质边坡,坡率为 1:0.75;第二、三、四级边坡为土质边坡,坡率为 1:2。

2.1.2　坡高和分级

边坡工程按照损伤后可能产生的危害(人身伤亡、经济损失和不良社会影响)的严重程度、边坡类型等因素,按表 2.3 的规定,确定边坡的安全水平。

表 2.3　边坡工程安全等级

边坡类型		边坡高度 H/m	破坏后果	安全等级
岩质边坡	岩体类型为 Ⅰ 或 Ⅱ 类	H≥30	很严重	一级
			严重	二级
			不严重	三级
	岩体类型为 Ⅲ 或 Ⅳ 类	15≤H≤30	很严重	一级
			严重	二级
		H≤15	很严重	一级
			严重	二级
			不严重	三级

续表

边坡类型	边坡高度 H/m	破坏后果	安全等级
土质边坡	$10 < H \leqslant 15$	很严重	一级
		严重	二级
	$H \leqslant 10$	很严重	一级
		严重	二级
		不严重	三级

下列边坡工程,其破坏后果十分严重,安全性级别为一类:

①由外倾软弱结构面控制的边坡工程;

②工程滑坡地段的边坡工程;

③边坡塌滑区有重要建(构)筑物的边坡工程。

该项目的坡高为 8 m,级与级之间留有 2.0 m 宽的平台,并在台阶上设置排水沟;在开挖边坡顶部 5 m 处设置截水沟,该截水沟应顺地势与相邻的排水系统相连。图 2.1 展示了立交隧道建设过程中基槽开挖的详细步骤和现场情况。

图 2.1 立交隧道基槽开挖

2.2 明挖隧道基坑支挡结构施工

2.2.1 挡土墙施工

人工挖孔桩桩板挡土墙施工工艺流程:放线定桩位及高程→开挖第一节桩

孔土方→桩口锁口及支护壁安装模板放附加钢筋→浇筑第一节护壁混凝土（高出地面400 mm）→检查桩位（中心）轴线→架设垂直运输架 →安装卷扬机→安装吊桶、照明、活动盖板、水泵、通风机等→开挖吊运第二节桩孔土方（修边）→先拆第一节，再支第二节护壁钢筋及模板→浇筑第二节护壁混凝土→检查桩位（中心）轴线→逐层往下循环作业→开挖至底部 →检查验收→桩身钢筋笼吊装（或孔内绑扎）→安装导管、声测管→浇筑桩身混凝土→桩身检测→桩顶梁基槽开挖、钢筋绑扎、模板安装及混凝土浇筑→挡土板开挖、钢筋植筋绑扎、模板安装及混凝土浇筑。

（1）施工准备

桩板式挡土墙需先行施工桩基，待桩基施工完毕达到设计强度后，再逐层开挖施工挡土板，达到隧道基底标高后再施工隧道。

桩板式挡土墙桩基施工从现状地面进行开挖，不放坡。首先测定桩位、平整场地、修筑弃渣道路，待锁口施工完毕后架设井架。桩孔开挖前应先做好井口防水、排水工作并搭设好雨篷，开挖后及时施工桩基护壁。

（2）锁口施工

桩基锁口位置设置在现状地面上，利用机械将地面整平后开挖，开挖至1.5 m深后立即施工锁口保护。锁口是施工中开挖桩孔的防护结构，为防止护壁下滑，应在浇筑锁口时，先将连接钢筋插入锁口壁和土层中，并与护壁相连。

锁口施工示意图如图2.2所示。

（3）桩身开挖

桩身开挖采用人工跳桩开挖方式进行施工，待桩身混凝土强度达到80%后方能进行相邻桩孔开挖。桩板式挡土墙待桩身混凝土强度达到100%后方可施工挡土板。

①根据设计要求，单节开挖深度均为1.0 m，并以单节1.0 m作为一个施工循环。在开挖第一节后，立即浇筑钢筋混凝土护壁，其厚度增加100 mm，高度

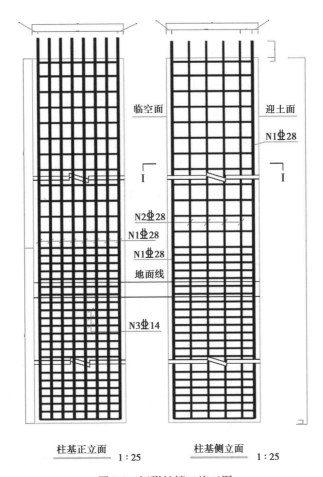

临空面　　迎土面

N1⚎28

N2⚎28
N1⚎28
N1⚎28
地面线

N3⚎14

柱基正立面　　1∶25　　　柱基侧立面　　1∶25

图 2.2　矩形桩锁口施工图

高出地面 500 mm,以防杂物落入孔内。护壁若出现空隙,应用粗砂、砾砂等填实,必要时浇以水泥浆。

为减轻开挖时对井壁的震动,土质地段采用人工从上到下逐段用镐、锹进行,坚硬土层用锤、钎或风镐破碎,挖土次序是先中间后周边挖孔,软岩地段采用人工配合风镐进行,中风化砂岩层采用人工水钻开挖方式进行。

②水钻开挖。根据设计地质纵断面图,桩基施工可能会遇到较硬或坚硬的泥岩或砂岩(中风化岩层),采用风镐掘进速度缓慢、效率低下。由于无法进行爆破施工,对于中风化岩石,采用"水钻法"施工。所谓"水钻法",即采用钻孔

取芯机在桩孔周边开挖线钻孔取芯,使桩孔圆周形成空心槽,然后在桩孔中心部位采用风镐凿打,再用卷扬机将石块提出桩外。因钻孔取芯机在操作过程中必须保证钻头处于冷却水中,同时冷却水流需有一定压力对钻头直接进行冲洗,使之不淤钻、卡钻,因此该工艺俗称"水钻法"。

③护壁。开挖采用"挖一节,支护一节"的方式进行。即开挖出一节后,立即进行钢筋混凝土护壁支护。为保证桩的垂直度,要求每浇完两节护壁后,必须校核中心位置及垂直度一次。护壁混凝土强度达到 5 MPa 以上方可拆模。

④出渣。由于施工现场空间有限,桩内出渣采用孔内人工装渣,卷扬机垂直提升,井外人工配合手推车运输的施工方法出渣。渣土倒在距桩边缘 2 m 以外。所出渣土堆码不能超过 1.5 m 高,并用装载机将弃渣转运至临时弃渣点,再由自卸汽车运至指定弃土场。

⑤通风和排水。

A.通风。

a.由于桩径较小,当桩基开挖至 5 m 深后,为保证孔内有新鲜的空气,在孔口应设置通风机,用软胶管向孔下送风。

b.保证施工期间孔下空气质量。每日作业前,必须先向井内通风 15 ~ 20 min 后,方可下井作业。

B.排水。若桩孔挖至有水地段,孔内设集水坑,并用抽水泵进行抽排,保证挖孔桩人员在无水条件下作业。

渗水量大时应停止作业,确保人员全部撤出,并按以下要求处理:

a.雨后集中性渗水,加设抽水泵抽排。

b.密集渗水段在抽水设备无法满足要求时,应暂停该桩施工,作为积水井,待相邻桩施工完成后再处理,并时刻保持井内水抽排。

c.若遇涌水段,应停止该桩施工,甚至停止相邻桩施工;及时联系监理和设计单位到场,在设计单位提出处理意见或方案后再进行处理。

⑥上下井。为便于施工作业人员及检查人员上下井,拟在每口井内设置钢筋爬梯直至井底,铁爬梯采用 φ20 钢筋现场焊制,长度一直下至井底,严禁人员利用电动卷扬机上下井道。

⑦井内照明。采用 36 V 以下安全电压,并确保灯具具有防护罩。电源线应沿岩壁布置,随时注意检查电源线是否存在破损或被水浸泡的情况,一旦发现问题,应立即处理,以防止施工人员触电。

⑧成孔。

a.当基岩承载力和嵌岩深度达到设计要求后,再迅速向下开挖 20 cm,并尽快浇注混凝土进行封闭处理,以减轻基岩软化。

b.为减小嵌岩段泥岩暴露后因风化作用而影响桩基承载力,要求基桩开挖至嵌岩起算点以下时,使用 M10 水泥砂浆抹面,厚 10 mm,随挖随抹。

c.在所有试验满足设计指标后,应邀请监理、业主、地勘和设计人员到场进行验收,并做好隐蔽工程验收记录及桩基验槽记录等资料,待验收通过后方可进行下一步施工。

d.成孔后,移出提升架,在下钢筋笼和浇筑混凝土前,必须封闭井口,搭设防护架,挂防护网并悬挂警示标志,防止有人员误入导致坠入井内,并确保在此期间无其他杂物掉入孔内。现场桩与挡墙桩基开孔如图 2.3 所示。

图 2.3　桩基开孔

⑨验孔。

a.所有桩基长度应采用持力岩层强度和设计嵌岩深度指标双控。当桩基施工至桩基嵌岩起算点时,施工单位应进行第一次岩样取样并进行试验,确保起算点处岩层强度满足设计要求。当桩孔施工至设计标高后应检查嵌岩深度,并在桩底第二次取岩样及试验,以确保嵌岩深度和嵌岩段基岩强度达到设计要求。

b.桩孔施工应一次性成孔,不得中途停顿。遇有意外情况应立即处理。当桩孔深度达到设计要求时,联合勘察单位工程师、施工地质工程师和监理,对孔深、孔径、孔位、孔形和垂直度等进行检查验收后,方可进行清孔工作。

c.挖孔成桩的质量标准见表2.4。

表2.4 挖孔成桩的质量标准

项目	允许偏差
孔的中心位置/mm	50
孔径/mm	不小于设计桩径
倾斜度	小于0.5%

(4)钢筋笼

钢筋进场必须有出厂合格证书和质量保证书,进场钢筋应分别按规格、型号、批量堆放,并按规定请监理单位现场见证取样,检验结果应书面通知技术负责人,报送监理单位审批认可合格后方可加工制作。钢筋现场堆放地点要求挂牌以备检查。在挂牌上,应明确标示已检查、合格、不合格等字样。

①钢筋截断车丝后的半成品运到位后,1.2 m×1.2 m、1.25 m×1.6 m的桩基钢筋应在洞外制作。

在桩基附近平整和硬化好的场地内进行,首先安装内骨架钢筋,然后在骨架钢筋上逐根焊接主钢筋,最后绑扎箍筋及附筋、加固钢筋。钢筋笼按照9 m一节段进行加工制作。直径≥ϕ22的钢筋连接应采用机械连接,且同一截面钢筋接头不超过50%。桩基钢筋笼安装下笼如图2.4所示。

图 2.4　桩基下笼

②钢筋笼存放。制好后的钢筋笼必须放在平整、干燥的场地上。存放时，每个加劲筋与地面接触处都垫上等高的方木，以免粘上泥土。钢筋笼应分节段排好次序，便于按顺序安装；同时要挂牌写明桩号、节号。没有挂牌的钢筋骨架，不得混杂存放，避免造成混淆和质量事故。存放钢筋笼时还应注意防雨、防潮，不宜堆放过多。

③钢筋笼安装。

a.由于整个钢筋笼刚度较差，起吊时极易变形散架，易发生安全事故。因此，吊装钢筋笼时，应提前布置吊点并做好标记。最佳起吊吊点为加劲筋与主筋焊接处，吊点处应另作加固处理（加设三角支撑架）。

b.钢筋笼入孔前先检查孔径，当检孔器从上到下通过桩孔后才可下放钢筋笼。钢筋笼下放前，经监理检查合格后方可下放。钢筋笼使用汽车吊下放时，应对准钻孔桩中心线缓慢下放至桩底，同时防止碰撞孔壁，下放过程中要注意孔内情况。如下放困难，应查明原因，不得强行下放。

c.钢筋笼吊装采用扁担法。五点吊装如图 2.5 所示。钢丝绳的 4 个吊点在钢筋笼的重心偏上，产生的重心偏移用吊车的小钩来平衡，随着起吊高度的变化慢慢下放小钩，由于重心的作用，钢筋笼底部将下降；由于上部采用滑轮，当小钩完全放松后，钢筋笼在重力作用下将保持竖直，这样即可将钢筋笼下放到孔内。钢筋笼分段采用主、副吊配合吊装。钢筋笼整体吊装入孔后，在孔口进行钢筋连接。图 2.5 所示的钢筋笼扁担法吊装示意图展示了利用扁担法进行钢筋笼吊装的详细步骤和操作方法。

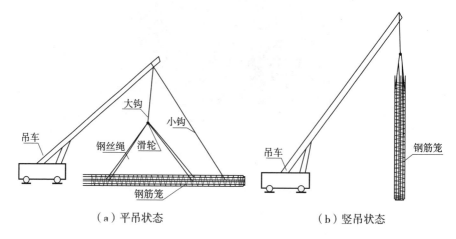

（a）平吊状态　　　　　　　　（b）竖吊状态

图 2.5　钢筋笼扁担法吊装示意图

④对尺寸较大的 3 m×2 m、2 m×2.5 m、2 m×1.6 m 桩基,钢筋笼在吊装过程中变形过大,采用孔内现场加工的方式进行。施工过程中由于孔较深,加工时间长,必须保证施工期间通风并加强护壁混凝土观测。钢筋安装完成后按设计和规范要求安装声测管。

⑤钢筋笼允许偏差值,见表 2.5。

表 2.5　钢筋笼允许偏差

序号	检查项目	允许偏差或允许值/mm	序号	检查项目	允许偏差或允许值/mm
1	主筋间距	±10	5	箍筋间距	±20
2	骨架外径	±10	6	骨架倾斜度	±0.5
3	骨架保护层厚度	±20	7	骨架中心平面位置	±20
4	骨架顶端高程	±20	8	骨架底面高程	±50

（5）混凝土浇筑

桩身采用 C30 混凝土,桩基采用商品混凝土。

①浇筑混凝土前,应进行全面复查,检查桩孔尺寸、轴线、深度及嵌岩深度

是否符合设计要求,检查桩孔底是否有积水,以及检查钢筋笼的制作和安装、预埋件等是否符合设计要求。只有当所有的项目全部符合设计、规范要求并取得混凝土浇筑许可证后方可进行浇筑。

②由于桩孔较深,为防止混凝土产生离析现象,应先将桩内多余积水抽出,校正钢筋笼。按桩深度,安放相应桩深度的串筒。桩身混凝土施工由罐车、漏斗和串筒配合浇筑混凝土,出料口距混凝土面不大于 2 m。浇筑混凝土的过程中使用专用高频振捣棒分层振捣,混凝土必须连续浇筑,直至桩身混凝土浇筑完毕。

③混凝土分层浇筑,分层厚度≤50 cm,严格控制振捣时间,每个振点振捣时间宜在 20 s 左右,每一振点的振捣延续时间以混凝土不再沉落,表面呈现浮浆为标准,防止过振或漏振。

④严禁使用振捣棒驱赶混凝土,振捣器严禁触碰钢筋笼。

桩基混凝土浇筑的施工过程和关键技术要点如图 2.6 所示。

图 2.6　桩基混凝土浇筑

(6)桩间板

桩间板采用 C30 钢筋混凝土现浇。

①桩基开挖采用跳桩方式进行,待桩基强度达到 100%后方可施工挡土板。

②桩间板采用逆作法施工,在桩基成型后开挖桩间土石方,单次开挖高度为 2~2.5 m,根据开挖地质情况适当调整。

③挡土板顶至岩土分界线以下 30 cm 范围,厚度为 30 cm,以下岩石区至地面以下 50 cm,厚度为 20 cm。开挖后人工凿除护壁混凝土,根据设计间距在桩基上植入主筋,挡板钢筋与植筋搭接采用单面焊,焊接长度为 10 d。主筋的混

凝土保护层厚度不小于 40 mm,拉筋按间距 40 cm×40 cm 上下交错梅花形布置,如图 2.7 所示。

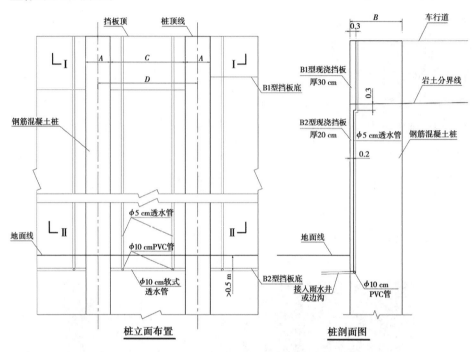

图 2.7 矩形桩板式大样图

④挡土板分层向下施工至基坑基底标高以下 50 cm 处,施工完毕后进行混凝土养护,养护时间不低于 7 d。桩间板配筋图,如图 2.8 所示。

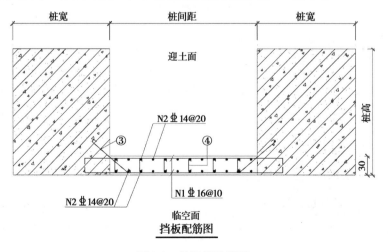

图 2.8 桩间板配筋图

2.2.2　抗滑桩施工

抗滑桩施工工艺流程:场地整平→放线、定桩位→挖第一节孔方→绑扎护壁钢筋、支模浇灌第一节商品混凝土护壁→在护壁上二次投测标高及桩位十字轴线→安装活动井盖,设置垂直运输架,安装电动葫芦(或卷扬机)、吊桶、潜水泵、鼓风机、照明设施等→第二节桩身挖土→清理桩孔四壁、校核桩孔垂直度和周边尺寸→拆上节模板、绑扎第二节钢筋、支第二节模板、浇灌第二节商品混凝土护壁→重复第二节挖土、支模、浇灌商品混凝土护壁工序,循环作业直至设计深度→对桩孔尺寸、深度、扩底尺寸、持力层进行全面检查验收→清理虚土、排除孔底积水→在抗滑桩四周搭设双排脚手架→绑扎桩身钢筋→支模并浇灌桩身商品混凝土。

现场抗滑桩施工如图 2.9 所示。具体操作细节如下:

图 2.9　抗滑桩施工

①按照勘测设计单位提供的坐标,先在场地内放好红线,再按照施工图纸,精确放出桩位和桩径,并仔细做好技术复核。桩基开挖必须经业主和设计单位的签证。在开挖前,按照施工轴线(中心线),将桩位中心的控制点引出,并用龙门桩进行标定。

②桩位放线采取在地面设十字控制网,其准点在安装提升设备时,使吊桶的钢丝绳中心与桩孔中心线一致,以作挖土时粗略控制中心线用。护壁支模中心线的控制是将桩控制轴线、高程引到第一节商品混凝土护壁上,每节以十字

线对中吊大线锤作中心控制用,用尺杆找圆周,以其准点测量桩深,以保证桩位、桩深和截面尺寸正确。

③人工挖土施工。用镐和锹从上向下逐层开挖,遇到坚硬的土层采用风钻将其钻碎,按照先开挖中部再开挖外围的顺序,按照设计桩的尺寸再加上2倍的护壁厚度来控制断面。最大误差为3 cm。扩底部分采取挖桩身圆柱体,再按扩底尺寸从上到下削土修成扩底形,弃土装入吊桶或箩筐内,如图2.9所示。

2.3 明挖隧道垫层与基础施工

2.3.1 垫层施工

①在 YK1+905.32~YK2+182.52 桩基托梁段,无桩基位置承载力达不到设计要求的段落,采用1 m厚C20片石混凝土进行换填。垫层施工如图2.10所示。

图2.10 垫层施工

②其他段落根据不同埋置深度采用不同换填深度的砂卵石进行换填;在很多重叠、半重叠、紧邻高差错位通道,且置于回填土范围内,全部采用砂卵石分层碾压回填。

③岩石基底直接用10 cm厚C20混凝土进行封底,防止岩层风化。砂卵石换填段落,换填后采用同样的措施进行封底。片石混凝土换填段落不再进行封底。

2.3.2　底座施工

1)施工准备

垫层混凝土浇筑 3 d 后,方可进行隧道底板施工;浇注混凝土必须做好标高控制桩,并保护好测量控制点。

2)底板钢筋工程

(1)钢筋加工制作

钢筋必须有出厂检验合格证和取样试验检测报告单。

钢筋进场时按照批次进行抽样物理力学试验,使用中发生异常(如脆断、焊接性能不良或机械性能显著不正常时),要补充化学成分分析试验。

钢筋的类别和直径如需调换、替代时,必须征得设计单位的同意,并得到监理工程师的认可。

钢筋加工的形状、尺寸必须符合设计要求,钢筋表面保持洁净、无损伤,油渍、漆污和铁锈等在使用前应清除干净,不得使用带有颗粒状或片状老锈的钢筋。

钢筋必须平直,无局部曲折,遇有死弯时须将其切除。

钢筋的弯钩或弯折按规范规定执行,弯曲成型在常温下进行,不用热弯,不用锤击,也不用尖角拆弯。

(2)钢筋焊接

钢筋焊接使用焊条的牌号、性能以及接头中使用的钢板和型钢均必须符合设计要求和有关规定,用电弧焊接 Q235-B 钢板和 HPB300 钢筋时采用 E43 焊条,焊接 HRB400 钢筋时采用 E50 焊条。

钢筋焊接后在焊接处不得有缺口、裂纹及较大的金属焊瘤,用小锤敲击时,应发出与钢筋同样的清脆声。

钢筋焊接的接头形式、焊接工艺和质量验收,按照《钢筋焊接及验收规程》

（JGJ 18—2012）的有关规定执行。

钢筋焊接前,必须根据施工条件进行试焊,合格后方可施焊;焊工必须有焊工考试合格证,并在规定的范围内进行焊接操作。

轴心受拉和小偏心受拉杆件中的钢筋接头,均采用焊接;普通混凝土中直径大于 22 mm 的钢筋和轻骨料混凝土中直径大于 20 mm 的 Ⅰ 级钢筋及直径大于 25 mm 的 Ⅱ、Ⅲ 级钢筋的接头,均采用焊接。

直径≥22 mm 的钢筋采用剥肋滚轧直螺纹 Ⅰ 级连接,连接区段内的接头率不大于 50%,并满足《重庆市钢筋剥肋滚轧直螺纹连接技术规程》（ DB 50/5027—2004）的要求。

（3）钢筋绑扎与安装

所配置钢筋的级别、钢种、根数、直径等必须符合设计要求。

焊接成型后的网片或骨架必须稳定牢固,在安装及浇注混凝土时无松动或变形。

同一根钢筋上在 $30d$ 且小于 500 mm 的范围内,只允许有一个接头。

绑扎或焊接接头与钢筋弯曲处相距不小于 10 倍主筋直径,也不在最大弯矩处。

钢筋与模板间设置足够数量与强度的垫块,确保钢筋的保护层达到设计要求。

在绑扎双层钢筋网时,设置足够强度的钢筋支撑,以保证钢筋网的定位准确。

钢筋的绑扎符合设计和规范要求规定:钢筋的交叉点采用铁丝扎牢,至少不小于 90%;各受力钢筋的绑扎接头位置应相互错开。

（4）底板混凝土施工

①混凝土浇筑方案。隧道主体结构混凝土采用强度 C40 防水混凝土,抗渗等级 P8,用混凝土运输车通过基底施工便道送至基坑工作面处,再用混凝土输送泵送至灌注工作面。在工作面泵管端头采用耐高压橡胶管（4~6 m）作活动

端,便于人工摆动和调节;灌注过程中,采用插入式振捣器振捣。

底板混凝土设计厚度为 600~1 500 mm,超过 600 mm 厚的底板,采用分两层进行浇筑的方法,每层浇筑厚度为 450~750 mm;浇筑采用阶梯式分层浇筑法施工,即第一层从施工段端底层开始浇筑,进行到一定距离后返回浇筑第二层,且第二层混凝土控制在第一层混凝土初凝前浇筑,依次向前进行阶梯式的施工。

②混凝土运输及输送。混凝土采用混凝土罐车运输,输送泵输送,并按下列规定进行施工:

a.试验检测人员在拌和站进行测定和控制混凝土坍落度,并与现场施工员保持联络,互通情况,根据现场反馈的实际情况及时调整混凝土的塌落度,并按规定留取抗压、抗渗混凝土试件。

b.现场施工员与混凝土拌和站保持联系,根据施工现场的浇筑情况随时调整拌和站的出料速度,确保混凝土出仓到浇筑时间间隔不大于 90 min;若因特殊情况出现混凝土输送中断,则对已浇注的混凝土部分按施工缝进行处理。

c.要求在施工现场进行坍落度核对,允许存在±(1~2)cm 的误差,超过者立即通知搅拌站调整,严禁在现场任意加水;从混凝土罐车卸出的混凝土若发生离析现象,需重新返回拌和站进行调整,检测合格后方可卸料。

d.输送混凝土过程中,混凝土泵车受料斗内保持足够量的混凝土;混凝土泵车工作间歇时间预计超过 45 min 或混凝土出现离析现象时,应立即冲洗管内残留的混凝土。

③混凝土浇筑及振捣。结构均采用自防水混凝土,其抗压强度、抗渗等级必须满足设计要求,并具有良好的抗裂性能。在主体结构混凝土浇筑前必须做好以下几项准备工作:

a.编制混凝土浇筑方案:根据现场条件、结构部位、浇注工程量等,编制详细的浇筑方案,该方案中包括设备、机具、劳动力的组织、混凝土的运输浇筑方式、现场质量检查方法、混凝土浇筑流程、路线、工艺、混凝土的养护以及防止混凝土开裂的各项措施,并经监理审核批准后才能实施。

b.模板、钢筋、预埋件、预留孔洞、端头止水带完成后必须先经过质保体系的三级检查并有书面记录,最后由监理工程师按隐蔽工程验收。经验收签证后方可进行混凝土浇筑。

④底板施工过程中应注意的事项。

a.混凝土浇筑必须控制其自由倾落高度,如因超高导致混凝土发生离析现象,应采用串筒、溜槽或振动流管下落。

b.混凝土必须采用振捣器振捣,振捣时间为 10~30 s,并以混凝土开始泛浆和不冒气泡为准。

c.振捣器插入间距不得大于其作用半径的 1 倍,插入下层混凝土的深度不小于 5 cm,振捣时不得碰撞钢筋、模板、预埋件和止水带等。

d.混凝土从低处向高处分层连续灌注,如果必须间歇时,其间歇时间应尽量缩短,并在前层混凝土凝结之前,将次层混凝土灌注完毕。

间歇的最长时间按水泥品种及混凝土凝结条件确定,混凝土间歇时间不得超过表 2.6 中的规定。

表 2.6　不同等级混凝土施工间歇的最长时间

混凝土标号	气温低于 25 ℃	气温高于 25 ℃
C20 以下/min	210	180
C20 以上/min	180	150

e.混凝土每层浇筑厚度,当采用插入式振捣器时,不得超过其作用部分长的1.25倍。

f.结构预埋件(管)和预留孔洞、钢筋密集以及其他特殊部位,必须事先制定措施,施工中加强振捣,不得漏振。

g.结构施工缝留置在受剪力最小处。

h.在施工缝处继续灌注混凝土时,必须按设计安置好膨胀止水条。

已浇筑混凝土的强度在施工缝处的水平施工缝不低于 1.2 MPa,垂直施工缝不低于 2.5 MPa;施工缝处混凝土必须认真振捣,新旧混凝土必须结合紧密。

i.混凝土浇筑现场应采取防止太阳暴晒和雨淋的措施。

j.沿线路方向分层留台阶灌注,混凝土灌注至标高初凝前,用表面振捣器振一遍后再作压实、收浆和抹面。

k.变形缝设置中埋式钢带橡胶止水带及防水嵌缝材料,混凝土浇筑前校正中置式钢边止水带位置,将表面清理干净,修补好止水带损坏处;底板结构之间的外贴式止水带,检查其止水带是否固定压紧在表面后,方可继续灌注混凝土。

外贴式止水带必须固定牢固,内外侧混凝土均匀、水平灌注,保持止水带位置正确、平直、无卷曲现象。

l.混凝土浇筑过程(图 2.11)中随时观测模板、支架、钢筋、预埋件和预留孔洞等情况,发现问题应及时处理。

图 2.11　底座施工

第3章 地下立交隧道结构自密实混凝土材料及施工方法

　　法国于 1955 年起开始研发自密实混凝土,并在随后几年成立专门研究小组,主要研究自密实混凝土的收缩、徐变和早期开裂等各种性能特点;日本的自密实混凝土最早出现在 1986 年,由 Okamura 教授提出,并于 1988 年在东京大学实验室成功制出;而荷兰在 1999 年便已将自密实混凝土应用于预制件的生产中;从 2002 年开始,美国 ASTM C09 委员会就已研发和颁布了适用于自密实混凝土设计应用的规范标准。

　　自密实混凝土(Self-Compacting Concrete,SCC)是一种具有高流动性、良好的黏聚性、高间隙通过性的混凝土,这种混凝土在浇筑施工过程中不需要借助传统的振捣方式来让它达到密实,而是仅靠自身的重力以及高流动性便可自动密实,不仅给施工带来了便捷,而且减少了施工过程中的噪声污染。除此之外,自密实混凝土在一些不易浇筑的环境和特殊浇筑要求的情况下,如超高墩桥、箱梁、重力墙等钢筋分布密集的地方,更能发挥其独特的性能优势。但是自密实混凝土因为具有高流动性,所以它的浆体含量较常规混凝土大,水灰比较小,在浇筑完成后,因为混凝土内部环境的不断改变和在化学反应下,后期比较容易出现细小的裂缝和开裂。

　　钢纤维混凝土是一种在普通混凝土中掺入一定含量的钢纤维混凝土。掺入钢纤维可提高一般混凝土在早期的塑性收缩能力、抗收缩开裂能力以及高强度力学性能。钢纤维自密实混凝土(Steel Fiber Reinforced Self-Compacting Concrete,SFRSCC)是在自密实混凝土中掺入一定体积量的钢纤维制成的混凝土。它在保持了 SCC 良好的工作性能的同时,还能充分利用钢纤维在混凝土内阻止其拉伸开裂、提高强度的作用,从而提高 SCC 的抗弯曲韧性、抗开裂、抗冲击韧性,并极为有效地改善材料的各方面耐久性能。本次项目为异形结构,施工操作空间受限,不便振捣,而自密实混凝土能够在模板的空隙中通过重力作用自行密实,可保证钢筋、预埋件、预应力孔道的位置不因振捣而移位。加纤维的自密实混凝土(Fiber-Reinforced Self-Compacting Concrete,FRSCC)凭借其卓越的工作性能和力学性能,已成为现代建筑和土木工程领域的重要材料之一。其高流动性、自密实性以及优良的抗裂和耐久性使其在高层建筑、桥梁工程、海洋工程、隧道和地下工程等领域得到了广泛应用。

3.1　自密实混凝土的配比研究与优选

3.1.1　自密实混凝土机理

1)自密实混凝土的密实机理

自密实混凝土遵循流变力学理论,新拌和的混凝土属于宾汉姆流体(图 3.1)。宾汉姆流体方程式为:

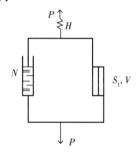

图 3.1　宾汉姆流体模型

$$\tau = \tau_0 + \eta\gamma \tag{3.1}$$

式中　τ——混凝土的剪切应力;

　　　τ_0——混凝土的屈服剪切应力;

　　　η——混凝土的塑性黏度;

　　　γ——剪应变。

τ_0 是混凝土中抵抗内部塑性变形的应力最大值,当混凝土遇到外力作用时,混凝土拌合物是否能够具有流动性取决于混凝土内部的剪切应力与屈服应力之间的大小关系,当 $\tau \geqslant \tau_0$ 时,混凝土拌合物就会发生流动。塑性黏度指数 η 的作用主要体现在阻止新拌混凝土发生流动,当 η 越小时,混凝土的流动性就越好。这两个参数是影响新拌混凝土工作性能的重要参数。普通混凝土为了达到密实效果,需要运用机械振捣的方法使屈服剪应力 τ_0 变小。

而自密实混凝土能够不经过振捣就自动密实。其原理如下:首先通过控制粗细骨料合理的级配,以及科学的配合比设计方法,并通过用其他矿物掺合料取代大量水泥以及减水效果良好的各种减水剂,来达到让混凝土的屈服剪应力 τ_0 逐渐变小到一个合理的范围内,同时还能够具有足够的塑性黏度 η。在这种情况下,可以使混凝土中的骨料在水泥浆中保持悬浮状态,从而保证配制出的混凝土不会因为流动性过大而导致产生离析、泌水现象,最终在高流动性和黏聚性之间达到一个平衡点,从而满足自密实的要求。

在混凝土中加入性能优异的高效减水剂后,由于减水剂拥有的特殊分散效果,可以在水泥颗粒表面形成双电层,这种电层可以保证在水泥颗粒之间产生有效的静电斥应力,该应力使得水泥加水后产生的絮凝结构发生破坏,以此来减少水泥对水的约束,并且能够增大水泥颗粒之间的相互滑动能力,最终使混凝土拌合物的流动性大大提高,在减少水的用量、高流动性、耐久性能之间达到很好的效果。

另外,自密实混凝土在保证高流动性的同时还要具有良好的黏聚性,即抗离析性能。在对配比研究的过程中发现,发生离析的混凝土在通过有钢筋的结构时,在钢筋处会发生不同程度的骨料堆积和堵塞情况,其中的主要原因是 η 和 τ_0 过小,这将导致混凝土拌合物内部产生一个抵抗骨料和水泥砂浆之间移动的力。因此,这两个参数不仅保证了混凝土拌合物具有很高的流动性,而且还确保了新拌混凝土不发生离析。

除此之外,影响混凝土拌合物工作性能的重要因素还有砂率和浆骨比。在一定范围内,浆骨比越大,混凝土的流动性越好,但是当超过一定范围后,过大的浆骨比就会产生反向影响,极易对混凝土的体积安定性产生严重不利的影响。混凝土的砂率在合适大小下,能够使得粗细骨料相互搭配并充分包裹住水泥浆,从而大大提高混凝土的间隙通过性。

2)钢纤维混凝土增强机理

钢纤维对混凝土的增强作用从本质上来说是一种从试件内部表现出的物理力学性质,它对混凝土的增强作用主要体现在两个方面:一方面为混凝土承受荷载前,乱向分布的钢纤维在混凝土强度形成的早龄期和成熟期间的阻裂增强作用;另一方面为混凝土承受荷载后,钢纤维对混凝土的增韧作用即阻碍裂缝发展。根据现有资料,关于钢纤维对混凝土的增强作用,主要有以下 3 种理论解释:

(1)复合力学理论

该理论将钢纤维混凝土视作由两相组成的复合材料:一相为钢纤维,另一相为混凝土。这两相对混凝土性能提升的加权值即为复合材料。该理论基于基本假设进行解释:

①钢纤维在混凝土内部平行分布,且受力方向均一致。

②混凝土中的钢纤维和水泥基体黏结紧密,互相之间无相对位移。

③钢纤维和基体的变形均呈弹性变形,横向变形保持一致(图 3.2)。

各部分的作用荷载分别为:

$$p_c = \sigma_c A_c \tag{3.2}$$

$$p_m = \sigma_m A_m \tag{3.3}$$

$$p_f = \sigma_f A_f \qquad (3.4)$$

$$p_c = p_m + p_f \qquad (3.5)$$

式中　A——混凝土横断面；

　　　σ——应力；

　　　c,m,f——分别为复合材料、钢纤维和基体。

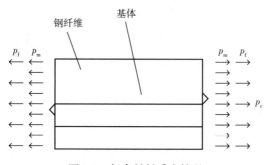

图 3.2　复合材料受力情况

$$\sigma_c = \sigma_f \nu_f + \sigma_m \nu_m \qquad (3.6)$$

式中　$\nu_f = \dfrac{A_f}{A_c}, \nu_m = \dfrac{A_m}{A_c}$——分别为钢纤维和基体的体积比。

将 $\sigma_c = E_c \varepsilon_c$、$\sigma_m = E_m \varepsilon_m$ 和 $\sigma_f = E_f \varepsilon_f$ 分别代入式(3.6)中,且 $\sigma_c = \sigma_m = \sigma_f$,则可得弹性模量的混合定律：

$$E_c = E_f \nu_f + E_m \nu_m \qquad (3.7)$$

式中　E——弹性模量。

（2）纤维间距理论

钢纤维混凝土的纤维间距理论是由 J.P.Romualdi 和 G.B.Batson 在 1963 年提出的。该理论以线弹性断裂力学为基础,他认为混凝土之所以会在外力作用下发生不同程度的损坏是因为混凝土的内在结构存在一定的缺陷。如果能够改善这种内在缺陷、减小混凝土内部的应力集中程度或者降低裂缝处的发展速率和应力状态,便可以显著提高混凝土的性能。因为钢纤维混凝土在强度形成发展的过程中,各个部位的强度往往不一致。当其较薄弱部位受到外部荷载作用结构发生破坏时,该部位的抗拉强度较低。当钢纤维混凝土达到极限承载力时,基体结构发生破坏,此时内部的钢纤维跨越裂缝两边,产生黏结应力 τ,从而延缓了裂缝的扩展和进一步强化。假设混凝土内部裂缝端部的应力强度因子为 k_σ,在外部拉应力作用下,黏结应力 τ 会在混凝土内部产生一个反向应力场阻止裂缝发展,该力的强度因子为 k_f,从而有效降低混凝土施加力处的应力集中水平,使得总体所受强度的因子水平 k_i 变小。

$$k_i = k_\sigma - k_f < k_\sigma \tag{3.8}$$

由式(3.8)可知,钢纤维对混凝土的增强效果强弱主要取决于混凝土出现裂缝发生破坏时,裂缝两端的钢纤维数量和钢纤维在混凝土中的总体分布数量情况。该理论的解释是基于经验理论所提出的,存在一些明显的缺点:首先,它忽略了钢纤维整体对混凝土内部结构的增强效应;其次,这种理论没有考虑钢纤维的长短对增强效应的影响大小,因此只能简单用于钢纤维对混凝土增强效应的阐述。

(3)界面效应理论

相对于前两种增强机理理论,该理论方法有比较明显的不同,主要从材料特性上进行阐述。它认为钢纤维混凝土是由颗粒型和纤维型两种材料混合形成的,钢纤维对混凝土的增强作用主要取决于胶凝材料的特性、钢纤维的材料特性以及两者在结构中的相对含量和接触界面的黏结效应。在钢纤维混凝土各种原材料的拌和成型过程中,会在集料和钢纤维表面形成一层厚度极其微小的水膜层,伴随着各种胶凝材料和掺合料与水相互融合,这些溶解的离子会扩散到水膜层中,经过一系列的化学反应后,会形成 $50 \sim 100~\mu m$ 厚度的界面层。钢纤维混凝土各种原材料的黏结面为一种物理效应,材料相互之间并无化学反应。此外,在界面层上的水灰比和孔隙率比混凝土中的其他部位高,该界面层结构为网状式。该薄弱区域在混凝土受到外界应力时,最容易产生裂缝破坏,如果能够通过改变混凝土拌合物的水胶比或者加入其他复合材料来改善该界面的受力状态或者能力,就能够有效地对混凝土结构起到增强作用。大量的试验和工程实践表明,钢纤维混凝土的这种界面黏结效应过早消失会在很大程度上影响钢纤维对混凝土的增强增韧作用,从而使混凝土过早发生裂缝破坏,降低钢纤维的增强效应。

3.1.2 配合比设计

1)自密实混凝土配合比设计方法

目前采用的自密实混凝土配合比设计方法主要有绝对体积法、假定表观密度法和全计算法 3 种。

（1）绝对体积法

根据《自密实混凝土应用技术规程》（JGJ/T 283—2012）中对绝对体积法的介绍,采用绝对体积法可以有效避免因拌合物中各个胶凝材料的密度不同而引起的配合比计算误差。此外,对初步配合比的设计还提出了以下要求:自密实混凝土的水胶比大小应控制在小于 0.45;胶凝材料的用量应控制在 $400 \sim 550$ kg/m³;1 m³ 中的粗骨料体积应控制在 $0.28 \sim 0.35$ m³;砂的体积分数应控制在 $0.42 \sim 0.45$,过小的粗骨料体积会导致混凝土的弹性模量等力学性能显著降低,过大的则会导致工作性能显著下降,而过小的砂率会导致混凝土拌合物的收缩体积过大,过大的砂率又会严重影响混凝土的各项工作性能和强度。

（2）假定表观密度法

此方法的各项参数计算规则如下:

①粗骨料的体积和质量计算应满足表 3.1 中的规定。

表 3.1　每立方米混凝土中粗骨料的体积

填充性指标	SF1	SF2	SF3
每立方米混凝土中粗骨料的体积/m³	$0.32 \sim 0.35$	$0.30 \sim 0.33$	$0.28 \sim 0.30$

②根据选定的每立方米粗骨料体积 v_g 和粗骨料的表观密度 p_g 计算每立方米粗骨料的质量 m_g。

$$m_{\mathrm{g}} = v_{\mathrm{g}} \cdot p_{\mathrm{g}} \tag{3.9}$$

③根据粗骨料体积 v_{g} 计算砂浆体积 v_{m}。

$$v_{\mathrm{m}} = 1 - v_{\mathrm{g}} \tag{3.10}$$

④砂浆中砂的体积分数 ϕ_{s} 可取 0.42~0.45。

⑤根据砂浆体积 v_{m} 和砂的体积分数 ϕ_{s} 计算每立方米砂的体积 v_{s}，再由砂的体积 v_{s} 和砂的表观密度 ρ_{s} 计算每立方米砂的质量 m_{s}。

$$v_{\mathrm{s}} = v_{\mathrm{m}} \cdot \phi_{\mathrm{s}} \tag{3.11}$$

$$m_{\mathrm{s}} = v_{\mathrm{s}} \cdot \rho_{\mathrm{s}} \tag{3.12}$$

⑥根据砂浆体积 v_{m} 和砂的体积 v_{s}，计算砂浆体积 v_{p}。

$$v_{\mathrm{p}} = v_{\mathrm{m}} - v_{\mathrm{s}} \tag{3.13}$$

⑦根据矿物掺合料与水泥的相对含量及其相应的表观密度来计算表观密度 ρ_{b}。

$$\rho_{\mathrm{b}} = \cfrac{1}{\cfrac{\beta}{\rho_{\mathrm{m}}} + \cfrac{1 - \beta}{\rho_{\mathrm{s}}}} \tag{3.14}$$

⑧自密实混凝土的配制强度可按照《普通混凝土配合比设计规程》(JGJ 55—2011)的相关规定进行计算。

⑨水胶比 ($m_{\mathrm{w}}/m_{\mathrm{b}}$) 在具备统计资料时,可根据实际所采用的原材料,通过水胶比和自密实混凝土的抗压强度关系来计算得到。

⑩每立方米胶凝材料的质量 m_{b} 可由砂浆体积 v_{p}、胶凝材料的表观密度 ρ_{b}、水胶比等参数确定。

$$m_{\mathrm{b}} = \cfrac{v_{\mathrm{p}} - v_{\mathrm{a}}}{\cfrac{1}{\rho_{\mathrm{b}}} + \cfrac{\dfrac{m_{\mathrm{m}}}{m_{\mathrm{b}}}}{\rho_{\mathrm{w}}}} \tag{3.15}$$

⑪根据每单位体积的胶凝材料质量 m_{b} 和水胶比计算单位体积混凝土中的用水量 m_{w}。

$$m_{\mathrm{w}} = m_b \cdot \left(\frac{m_{\mathrm{w}}}{m_{\mathrm{b}}}\right) \tag{3.16}$$

⑫每立方米混凝土中水泥的质量 m_{c} 和矿物掺合料的质量 m_{m},可根据每立方米胶凝材料的质量 m_{b} 和矿物掺合料的质量分数 β 确定。

$$m_{\mathrm{m}} = m_{\mathrm{b}} \cdot \beta \tag{3.17}$$

$$m_{\mathrm{c}} = m_{\mathrm{b}} \cdot \alpha \tag{3.18}$$

⑬外加剂的品种和用量由实际试验所得,外加剂用量也可用每立方米胶凝材料用量 m_{b} 和外加剂占胶凝材料总量的质量百分数 α 所得。

$$m_{\mathrm{ca}} = m_{\mathrm{b}} \cdot \alpha \tag{3.19}$$

(3)全计算法

本混凝土的配合比方法由陈建奎教授提出,它是一种针对高性能要求混凝土的计算方法。从本质上讲,是通过定量设计各种混合料的设计方法,与普通混凝土设计方法相同的是它的拌合物配制强度和水胶比计算,主要是介绍了一种计算高性能混凝土的单位用水量和砂率的计算方法。但是该种设计方法的不足在于通过此方法得到的配合比砂率通常较小,而粗骨料用量却偏多,在一定程度上可以节约很大 部分胶凝材料,但是对于拌合物的流动性有不利的影响。该设计方法的体积模型如图 3.3 所示。

陈建奎教授提出的全计算法的主要观点有以下几种:

①组成混凝土拌合物的各项材料的体积具有相加性。

②拌合物粗骨料的孔隙主要由干砂浆填充。

③干砂浆的孔隙主要由水填充。

④干砂浆的组成成分由水泥、细掺合料、砂和空隙组成。

该设计方法的计算过程为:计算配制强度→计算水胶比→计算石子用量→计算砂子用量→计算水的用量→计算胶凝材料用量→根据工作性能要求确定高效减水剂的用量。

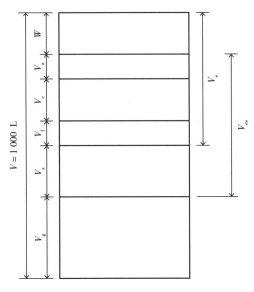

图 3.3　混凝土体积模型

图中：V_e——浆体体积，L/m^3；V_{es}——干砂浆体积，L/m^3；W——用水量，$L/kg/m^3$；V_c——水泥体积，L；V_f——细粉料体积，L；V_a——空气体积，L；V_s——砂子体积，L；V_g——石子体积，L。

2)复掺掺合料的超短超细钢纤维自密实混凝土配合比设计

本节全面介绍超短超细钢纤维自密实混凝土的配合比设计步骤及过程。根据自密实混凝土配合比设计方法中的绝对体积法来计算不掺加钢纤维和其他矿物掺合料的基准混凝土配比。本节设计的超短超细钢纤维自密实混凝土强度等级为 C40，根据规范要求，配制出的自密实混凝土各项工作性能应满足表 3.2 的要求。

表 3.2　自密实混凝土工作性能设计要求

自密实性能	性能指标	性能等级	技术要求
填充性	坍落扩展度/mm	SF	550~850
	扩展时间/s	VS	2~20
间隙通过性	坍落扩展度和 J 环扩展度差值/mm	PA	0~50
抗离析性	离析率/%	SR	≤20

得出 C40 自密实混凝土基准配合比后,按照掺合料添加量设计和钢纤维添加量设计,对超短超细钢纤维自密实混凝土的配合比进行设计、试配及调整,分别制成单掺 30%粉煤灰的钢纤维自密实混凝土配比,单掺 30% S95 矿渣粉的钢纤维自密实混凝土配比,复掺粉煤灰和矿渣粉的钢纤维自密实混凝土配比:掺20%粉煤灰+10%矿渣粉、掺 15%粉煤灰+15%矿渣粉、复掺 10%粉煤灰+20%矿渣粉。

3.1.3 流动性试验

1)试验方法

(1)坍落扩展度试验

本实验用于评测超短超细钢纤维自密实混凝土拌合物的流动性。采用的测试仪器为坍落扩展度板和坍落度筒,如图 3.4 所示。对于仪器设备的要求:所使用的坍落扩展度筒应符合《混凝土坍落度仪》(JG/T 248—2009)的规定。所使用的坍落扩展度板应为硬质不吸水的光滑正方形平板,边长为 1 000 mm,最大挠度不得超过 3 mm,在板的正面应标注出坍落度筒放置的中心位置以及直径分别为 200,300,500,600,700,800 和 900 mm 的同心圆。

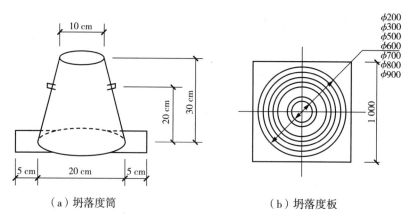

（a）坍落度筒　　　　　　（b）坍落度板

图 3.4　坍落扩展度实验仪器

具体的流动性试验方法步骤如下：

①先将准备好的坍落度板和坍落度筒用水打湿,并确保仪器表面没有明水;坍落度板应放置在坚实的水平地面上,坍落度筒放在板的中心位置处,并用脚紧紧踩住两边踏板,防止在灌入过程中拌合物从底部流出。

②在保证拌合物没有离析的前提下,将拌合物装入盛料容器中,并一次性快速地将拌合物装入坍落度筒中,加满后,对坍落度筒表面多出的浆体用抹刀进行抹平,并将筒周围多余的拌合物清除。

③将坍落度筒沿垂直方向匀速且平稳地快速提起约 300 mm 的高度,提筒过程应尽量保持在 3 s 内;从开始装料到提筒完成,整个过程应在 1.5 min 内。

④观察拌合物的流动情况直至坍落扩展度基本不变,立即用准备好的皮尺对展开圆形的最大直径以及与最大直径垂直方向的直径进行记录。最终结果以两个值的平均值(mm)为准,提起筒后至测量完成整个时间不应超过 40 s。

按照以上所示规则,依次对不同配比及钢纤维掺量的每组拌合物进行坍落扩展度测试,以钢纤维掺量为 0%的 A-0 组混凝土(图 3.5)进行坍落扩展度测试为例。

 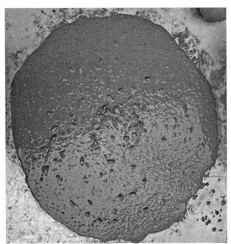

（a）试验过程　　　　　　　　　（b）基准配合比试验结果

图 3.5　坍落扩展度试验

(2)V 型漏斗试验

V 型漏斗试验主要是通过记录新拌混凝土通过一个 V 型仪器的时间,以及在该容器内流通时是否发生堵塞现象,来对新拌混凝土的黏聚性能好坏做出评价。本实验采用的 V 型仪器试验如图 3.6 所示。

（a）平视图   （b）俯视图

图 3.6　V 型漏斗试验

用 V 型漏斗试验检测拌合物的黏聚性主要通过以下步骤完成:

①将 V 型漏斗放置在水平光滑的地面上,保证仪器为垂直状态;然后用水打湿漏斗内表面,并把表面多余的水擦干,以确保漏斗处于湿润状态。

②在出料口处即漏斗最下方,放置一个接料容器。在装入拌合物前,确保漏斗底部的流出口已经关闭。

③将刚拌和好的混凝土由漏斗顶部均匀且快速地装入容器内,并将表面多余的拌合物刮净刮平。

④待拌合物静置 1 min 后,打开漏斗底部开关,此时混凝土均匀地从出料口流入容器内,用秒表记录拌合物从开始流淌到完全流出的时间,结果要精确至 0.1 s,同时要注意观察混凝土流动过程中是否有堵塞现象发生。

(3)L 型箱试验

L 型箱试验的目的是判别超短超细钢纤维自密实混凝土拌合物的间隙通过

性,即通过记录拌合物通过该容器的时间及流动结束后前后槽高度差,评估实际工程中当自密实混凝土通过布筋复杂或者狭窄空间的能力。本实验所采用的 L 型箱如图 3.7 所示。

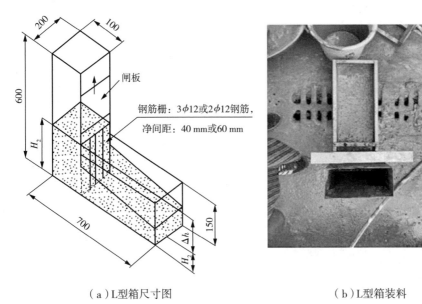

（a）L型箱尺寸图　　　　　　　　　　　（b）L型箱装料

图 3.7　L 型箱试验

使用 L 型箱测试混凝土拌合物的间隙通过性应按以下步骤进行:

①将 L 型箱放置在水平、坚实的平面上,关闭隔板活动门。

②用水湿润模具内部,并擦除表面的明水,确保仪器处于湿润状态。将拌和好的混凝土装入箱体的垂直部分,用铲子抹平容器顶部并静置 1 min。

③提起竖直槽与水平槽的开关面板,从混凝土开始流动计时,直到混凝土拌合物到达水平槽底部停止计时,分别记录当混凝土流动到水平槽 200 mm 和 400 mm 处的时间。

④当拌合物停止流动时,测量水平槽前后端高度及是否存在高度差,以此判断混凝土是否流平。整个实验过程必须在 5 min 内完成。

2)试验结果

①坍落扩展度试验。根据 3.1.3 节所述试验方法,对粉煤灰掺量为 30%的超短超细钢纤维自密实混凝土进行坍落扩展度测试,其中超短超细钢纤维掺量分别为 0%,1.5%,3%,5%,6%。坍落扩展度具体值见表 3.3 和表 3.4。

表 3.3　坍落扩展度结果(单掺粉煤灰)

编号	粉煤灰掺量/%	纤维掺量/%	纤维长度/mm	坍落扩展度
A-0	30	无	无	705
A-1.5	30	1.5	6	695
A-3	30	3	6	680
A-5	30	5	6	640

表 3.4　坍落扩展度试验结果(单掺矿渣粉)

编号	矿渣粉掺量/%	钢纤维掺量/%	纤维长度/mm	坍落扩展度
B-0	30	无	无	730
B-1.5	30	1.5	6	715
B-3	30	3	6	695
B-5	30	5	6	650
B-6	30	6	6	620

②V 型漏斗试验。同样根据 V 型漏斗试验方法,记录拌合物通过漏斗的时间,对拌合物黏聚性做出评判,详细数据见表 3.5 和表 3.6。

表 3.5　V 型漏斗试验结果(单掺粉煤灰)

编号	粉煤灰掺量/%	纤维掺量/%	钢纤维长度/mm	通过时间/s
A-0	30	无	无	24
A-1.5	30	1.5	6	40
A-3	30	3	6	125
A-5	30	5	6	169
A-6	30	6	6	193

表 3.6　V 型漏斗试验结果（单掺矿渣粉）

编号	矿渣粉掺量/%	纤维掺量/%	钢纤维长度/mm	通过时间/s
B-0	30	无	无	19
B-1.5	30	1.5	6	35
B-3	30	3	6	114
B-5	30	5	6	160
B-6	30	6	6	185

③L 型箱试验。根据 L 型箱试验方法,对新拌混凝土流到底槽时间及前后槽高度差进行记录,以此判断拌合物间隙的通过性能,详细试验结果见表 3.7 和表 3.8。

表 3.7　L 型箱试验结果（单掺粉煤灰）

编号	粉煤灰掺量/%	纤维掺量/%	纤维长度/mm	通过时间/s	水平高度差/mm
A-0	30	无	无	9	5
A-1.5	30	1.5	6	17	15
A-3	30	3	6	32	43
A-5	30	5	6	49	78
A-6	30	6	6	64	74

表 3.8　L 型箱试验结果（单掺矿渣粉）

编号	矿渣粉掺量/%	纤维掺量/%	纤维长度/mm	通过时间/s	水平高度差/mm
B-0	30	无	无	7	5
B-1.5	30	1.5	6	15	25
B-3	30	3	6	28	54
B-5	30	5	6	50	72
B-6	30	6	6	60	75

本次工作性能测试所采取的配比,是在同一种复掺模式下,只改变超短超细钢纤维的掺量,以此来研究在同一复掺条件下随着钢纤维掺量变化,其工作性能

的变化规律,以及在同一钢纤维掺量的情况下,工作性能最优的掺合料混合掺加形式。复掺情况下具体的各项工作性能试验结果见表 3.9,数据中 C 组为 20%粉煤灰+10%矿渣粉、D 组为 15%粉煤灰+15%矿渣粉和 E 组为 10%粉煤灰+20%矿渣粉。

表 3.9　复掺情况下混凝土工作性能试验结果

编号	钢纤维掺量/%	粉煤灰掺量/%	矿渣粉掺量/%	流动性	黏聚性	间隙通过性	
				坍落扩展度/mm	通过时间/s	通过时间/s	高度差/mm
C-0	0	20	10	670	40	21	15
C-1.5	1.5	20	10	650	67	27	32
C-3	3	20	10	620	116	48	49
C-5	5	20	10	605	154	54	74
C-6	6	20	10	590	210	80	90
D-0	0	15	15	685	35	18	10
D-1.5	1.5	15	15	665	62	27	38
D-3	3	15	15	640	140	46	45
D-5	5	15	15	610	165	59	60
D-6	6	15	15	595	203	75	85
E-0	0	10	20	695	32	13	8
E-1.5	1.5	10	20	680	55	21	27
E-3	3	10	20	660	134	37	39
E-5	5	10	20	620	152	58	65
E-6	6	10	20	610	198	70	82

3)流动性试验结果分析

本节通过对不同超短超细钢纤维掺量下,复掺和单掺矿物掺合料时的各项工作性能指标的变化,来确定在同一钢纤维掺量下的最佳矿物掺合料添加模式。如图 3.8—图 3.10 所示为不同钢纤维掺量下的工作性能指标变化。

（1）各种掺合模式下超短超细钢纤维自密实混凝土拌合物的流动性（图 3.8）

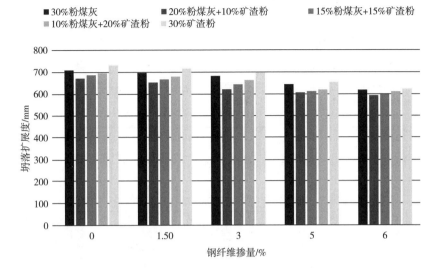

图 3.8　拌合物流动性（单掺和复掺）

当超短超细钢纤维掺量为 0％时,单掺 30％矿渣粉的拌合物坍落扩展度最高为 730 mm,复掺 20％粉煤灰时流动性最差仅为 670 mm,复掺 20％矿渣粉时坍落度值一般,最大与最小坍落度值相差为 60 mm,约 9％。在不掺钢纤维时,各材料对流动性的影响程度为 30％矿渣粉掺量＞30％粉煤灰掺量＞20％矿渣粉掺量＞15％矿渣粉掺量＞10％矿渣粉掺量。由此可见,矿渣粉掺量越高流动性越好,此时坍落扩展度值主要由胶凝材料和各种矿物掺合料性质以及浆体材料与石料之间的包裹程度所决定。

超短超细钢纤维掺量为 6％时,单掺 30％矿渣粉的拌合物坍落度最高为 620 mm,复掺 20％矿渣粉时流动性最差为 590 mm,最大最小值差为 30 mm,约 5％,此时混凝土拌合物内充斥着大量的超短超细钢纤维,对拌合物的流动性造成了极其不利的影响,肉眼可见钢纤维密密麻麻地包裹在石料和浆体上,严重影响拌合物的流动。此时拌合物轻微结团。当钢纤维掺量从 0％增至 3％时,拌合物流动性缺失最快;当钢纤维掺量为 3％~5％时,流动性继续缺失,但是此时钢纤维掺量逐渐趋于饱和,拌合物内部孔隙很少,流动性降低变慢。

在钢纤维掺量从0%~6%的过程中,所有对照组拌合物坍落度都严重下降,钢纤维严重降低了拌合物的流动性。此外,坍落扩展度值一开始相差很大,随着钢纤维掺量的提高,这种差距就越来越小,最终取决于钢纤维的掺量。

（2）各种掺合模式下超短超细钢纤维自密实混凝土拌合物黏聚性（图3.9）

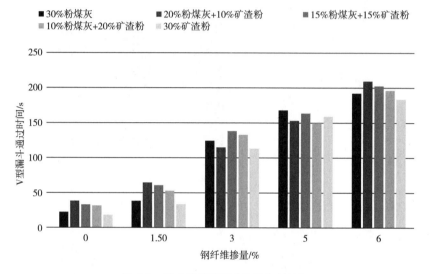

图3.9　拌合物黏聚性（单掺和复掺）

该性能对比主要通过V型漏斗通过时间来判定。

①当钢纤维掺量为0%时,复掺20%粉煤灰的通过时间最长为40 s,该组黏聚性最好,单掺30%矿渣粉的通过时间最短为19 s,该组黏聚性最差,复掺20%矿渣粉的通过时间次之为32 s,最长与最短时间通过差值为21 s,此时黏聚性差距较大。

②当钢纤维掺量为6%时,复掺20%粉煤灰的通过时间最长为210 s,黏聚性最好。单掺30%矿渣粉的通过时间最短为185 s,黏聚性最差,复掺20%粉煤灰次之为198 s,最大最小值差为25 s。此时钢纤维掺量最大,最长通过时间较最短通过时间差值为201 s,可以看出钢纤维掺量的提高能很好地提高拌合物的黏聚性,反之此时各组流动性较差。

③当钢纤维掺量从0%增至1.5%时,各组拌合物通过时间增加值均为20 s左右,此时黏聚性提升不高;当钢纤维掺量从1.5%增至6%时,黏聚性提升很大。

总体而言,随着钢纤维掺量的增加,拌合物的黏聚性明显提升。此外,粉煤灰掺量在很大程度上影响了拌合物的黏聚性,粉煤灰掺量越高,混凝土拌合物的黏聚性越好。

（3）各种掺合模式下超短超细钢纤维自密实混凝土拌合物间隙通过性(图 3.10)

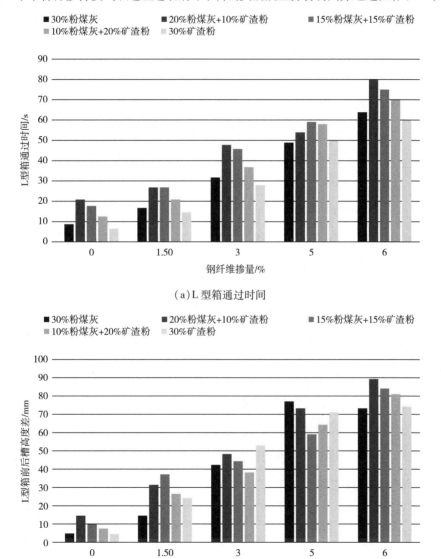

（a）L 型箱通过时间

（b）L 型箱高度差

图 3.10　拌合物间隙通过性(单掺和复掺)

该性能主要由拌合物通过 L 型箱的时间和前后水平槽高度差确定。

①当钢纤维掺量为 0% 时,对比不同掺合料添加比例下的普通混凝土,单掺 30% 矿渣粉的拌合物通过时间最短为 7 s,复掺 20% 粉煤灰的通过时间最长为 21 s,复掺 10% 粉煤灰次之为 32 s;前后槽高度差单掺 30% 粉煤灰和矿渣粉的拌合物最小为 5 mm,此时水平槽前后基本水平,复掺 20% 粉煤灰的拌合物高度差最大为 15 mm。综合进行评价,复掺 20% 粉煤灰时拌合物间隙通过性最差,单掺 30% 矿渣粉时拌合物间隙通过性最好。

②当钢纤维掺量为 6% 时,此时随着钢纤维掺量的提高,各组拌合物通过时间和前后槽高度差都有很明显的增加,水平槽处有部分拌合物堆积。此时单掺 30% 矿渣粉的通过时间最短为 60 s,复掺 20% 粉煤灰的通过时间最长为 80 s,前后槽高度差最大值为 90 mm,最小值为 74 mm。此时拌合物中混杂着大量超短超细钢纤维,使拌合物通过性能严重受阻。

③当钢纤维掺量为 0% ~ 3% 时,拌合物间隙通过性能急剧下降;掺量超过 3% 后,间隙通过性能的降低频率有所缓和;当钢纤维掺量为 6% 时,各组拌合物间隙通过性能差值最小。

拌合物的间隙通过性主要受钢纤维掺量的影响。在低掺量时,间隙通过性较好;而在高掺量时,间隙通过性能大大受阻。尽管如此,钢纤维的加入能显著增加拌合物的黏聚性,使拌合物整体性变好。

对上述混凝土拌合物各项工作性能测试综合分析:当矿渣粉掺量为 30% 时,普通混凝土拌合物的流动性最好,但黏聚性最差;当粉煤灰掺量为 20% 时,普通混凝土的流动性最差。当掺合料总量为 30% 时,随着矿渣粉掺量的增加,流动性变高,黏聚性变差,间隙通过性变好。总体来看,单掺掺合料的工作性能较好,复掺时各项工作性能指标有所下降。

3.2　自密实混凝土材料力学性能研究

钢纤维混凝土作为一种较为新颖的建筑材料,其基本力学性能受到研究者们的广泛关注。本试验针对素混凝土、单一掺量钢纤维混凝土、普通钢纤维与高掺量超短超细混杂钢纤维混凝土的力学性能进行初步试验研究,对比分析混杂掺入钢纤维对混凝土的影响效果。

3.2.1　试件的制备和养护

1)试验内容

本节是研究制备好的自密实混凝土的力学性能,超短超细钢纤维自密实混凝土在不同龄期 7 d 和 28 d 的立方体抗压强度的变化情况。通过制作不同钢纤维掺量配比的 5 组 100 mm×100 mm×100 mm 立方体抗压试件,7 d 每组 3 个试件,8 d 每组 3 个试件,共 30 个试件来评判立方体抗压性能,如图 3.11 和图 3.12所示。

2)试验方法

评估混凝土材料强度的首要指标是抗压强度和抗折强度。试验严格遵守规范要求,其中包括:

①抗压强度试验设备和方法。抗压强度的测试试件:边长为 100 mm 的立方体,因为采用的不是标准尺寸,所以在计算时需要考虑换算系数,本试验中边长 100 mm 的立方体换算系数为 0.95。试件在 3 000 kN 微机控制全自动压力试验机上加载。

试件抗压强度结果应按下式计算:

$$f_{cc} = \frac{F}{A} \tag{3.20}$$

式中　f_{cc}——钢纤维混凝土立方体抗压强度，MPa；

　　　F——极限荷载，N；

　　　A——试件上下受压面积平均值，mm²。

（a）100 mm × 100 mm × 100 mm　　　　　（b）100 mm × 100 mm × 300 mm

（c）100 mm × 100 mm × 400 mm

图 3.11　试件制作用模具

图 3.12　试件入模具

②抗折试验设备和方法。钢纤维混凝土试件尺寸为 10 cm×10 cm×40 cm。试验在液压万能试验机上进行。试件长轴与支撑圆轴垂直,以 50 N/s 匀速加载,直到试件被破坏,关机油箱。

抗折强度按下式计算:

$$f_f = \frac{PL}{bh^2} \tag{3.21}$$

式中　f_f——钢纤维混凝土抗折强度,MPa;

　　　P——折断时施加在试件中部的破坏荷载,N;

　　　L——支座间距,mm;

　　　b——试件高度,mm;

　　　h——试件宽度,mm。

3.2.2　力学性能试验

1)力学性能试验方法

(1)立方体抗压强度试验

本实验采用的试验模具如图 3.13 所示。试验设备为重庆交通大学道路试验室的万能压力机,如图 3.14 所示。每组配比共 6 个试件,7 d 取 3 个试件来试验,以 3 个试件的算术平均值为压力值,28 d 同样取 3 个试件测算术平均值。

试件在浇筑完成后,立即用不透水的保鲜膜覆盖在表面,在温度为 20 ℃左右的环境中静置 1 d 左右,直至可以拆模。脱模后立即放入温度同样为 20 ℃左右的标准养护室中进行养护,试件放置时每块之间应保留一定的间隙距离,并应及时对其进行洒水养护,其间不得直接用压力较大的水流冲击,以防试件破坏。

养护到相应的龄期后,将试件从养护室中取出,并记录各个待测试件的大小。待测的立方体抗压试件如图 3.15 所示。加载试验在 3 000 kN 的万能试验机上进行,加载速度取 0.5 MPa/min。

图 3.13 立方体抗压强度试模   图 3.14 万能试验机

图 3.15 立方体抗压试件

立方体抗压强度计算式为：

$$f_{cu} = \frac{F}{A} \tag{3.22}$$

式中　f_{cu}——立方体抗压强度，MPa；

　　　F——试件破坏荷载，N；

　　　A——立方体试件承压面积，mm^2。

　　经万能试验机测试后所得的数据,应按实测情况及如下所述的试验规范选取:

　　①当测试的 3 个值中,最大值、最小值及中间值两两之间的差值都没有超过中间值的 15%时,此时应求得 3 个值的算术平均值为立方体抗压强度值。

　　②如果上述 3 个值中,两两之间的差值有一个超过中间值的 15%时,此时应舍弃最大和最小值,选取中间值为该组立方体抗压强度值。

　　③如果上述两个相差值都超过了中间值的 15%,此时因为该组试验的离差过大,当重新测试强度时,该组试验无效。

　　(2)自密实混凝土轴心抗压强度试验

　　轴心抗压强度测试方法与立方体抗压强度测试方法相似,按照万能试验机的使用规则,将养护到龄期的棱柱体试件竖直放置在试验机上,调整混凝土试件,使得棱柱体位于上下板的中间位置,然后手动调节压力板直至与试件贴合,最后按照 0.5 MPa/s 的速度进行加载试验,直至试件破坏,如图 3.16 所示。

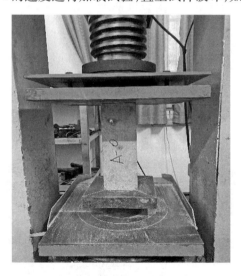

图 3.16　轴心抗压强度试验

　　轴心抗压强度计算式为:

$$f_{cp} = \frac{F}{A} \tag{3.23}$$

式中 f_{cp}——轴心抗压强度，MPa；

    F——破坏荷载，N；

    A——试件承压面积平均值，mm^2。

结果应精确到 0.1 MPa。

（3）自密实混凝土劈裂抗拉试验

本试验按照《混凝土物理力学性能试验方法标准》（GB/T 50081—2019）规定进行。先将标准养护至相应龄期的立方体试件从养护室取出。试验仪器采用万能试验机。混凝土劈裂抗拉强度测试不同于抗压强度测试，需要在立方体试件的底部和顶端同时放置钢垫层和木质垫条。钢垫层应放置在与压力机上下板接触的地方，木质垫条隔断在试件与钢垫层之间，通过减小受压面积，从而达到测试抗拉强度的目的。因为木质垫条经过一次压力后便会损坏变形，多次使用会严重影响劈裂抗拉强度值，所以本试验采用的木质垫条均为一次性使用。

在开始试验前，先将压力机上板调整至合适位置，再在底部放上钢垫层，平的一面直接与压力机下承载面接触，并确保钢垫层放于中心位置，然后放上木质垫条，紧接着将待测的试件放在木质垫条上，垫条应处于试件与垫层的中间位置。试件上层用同样的方式进行操作，然后手动控制万能试验机升降按钮直至压力机上板与垫层贴合，确保试件整体保持平稳。最后启动试验装置，测量劈裂抗拉强度，如图 3.17 所示。

（a）木质垫条   （b）钢垫层   （c）试验加载

图 3.17 劈裂抗拉试验

混凝土立方体劈裂抗拉强度计算方法按下式进行计算：

$$F_{sP} = \frac{2F}{\pi a^2} \qquad (3.24)$$

式中　F_{sP}——混凝土立方体劈裂抗拉强度,MPa;

　　　F——试件受到最大荷载破坏力值,N;

　　　a——立方体试件的受力面积即劈裂面面积,mm^2。

(4)自密实混凝土弯曲韧性试验研究

本试验采用的试件为 100 mm×100 mm×400 mm 的立方体小梁试件,首先对单掺粉煤灰情况下随着钢纤维掺量从 0% ~ 6% 的 5 组配比的 30 个小梁试件进行抗折强度测试,每组 3 个试件取平均值为最终的抗折强度结果,分析钢纤维掺量和龄期变化对抗折强度的影响。本试验采用的仪器为重庆交通大学道路工程实验室的抗折强度试验机。用于抗折强度测试的混凝土试件和试验机器如图 3.18 所示。

　　（a）抗折小梁试件　　　　　　（b）抗折强度试验机

图 3.18　劈裂抗拉试验

混凝土小梁抗折强度试验规则按照普通混凝土力学性能试验方法标准来进行,试验方法采用三分点法对试件进行试验。试验前,需检查试件尺寸及试件完好情况,如试件中间有损坏且面积较大的则此试件不可用于抗折强度测试。然后测量出混凝土试件中部的宽高,大小需精确至 1 mm,紧接着调整试验机两侧可移动支座,使得下压头中心的距离为 225 mm,将支座两侧固定牢固方可将试件放于支座上,并在试件上部放置两点受力板。手动控制试验机,使得加载点与试件贴合。最后启动抗折试验机,试验机加载速度为 0.05 MPa/s,直至试件破坏停止试验并记录数据。

混凝土试件抗折强度结果按下式进行计算:

$$f_f = \frac{Fl}{bh^2} \tag{3.25}$$

式中 f_f——小梁试件抗折强度,MPa;

F——小梁试件破坏时的荷载,N;

l——支座跨度,mm;

h——立方体小梁高度,mm;

b——立方体小梁宽度,mm,混凝土抗折强度值应精确至 0.1 MPa。

2)力学试验结果与分析

结合单掺和复掺情况下超短超细钢纤维自密实混凝土试件的各项力学性能强度值,研究在不同钢纤维掺量下混凝土力学性能最好的复掺模式,现将 28 d 各组配比的混凝土力学性能试验结果汇总于表 3.10 中。

表 3.10 不同掺合料添加形式下混凝土 28 d 力学性能试验结果

编号	粉煤灰掺量/%	矿渣粉掺量/%	钢纤维掺量/%	立方体抗压强度/MPa	轴心抗压强度/MPa	劈裂抗拉强度/MPa	抗折强度/MPa
A-0	30	0	0	38.9	29.4	5.4	4.9
A-1.5	30	0	1.5	55.5	41.6	6.5	7.7
A-3	30	0	3	68.6	50.7	8.2	9.1
A-5	30	0	5	71.7	53.8	9.6	12.8
A-6	30	0	6	73.6	54.8	9.8	11.5
B-0	0	30	0	45.2	33.1	4.3	5.3
B-1.5	0	30	1.5	61.3	45.5	5.7	8.5
B-3	0	30	3	72.1	58.4	8.0	9.4
B-5	0	30	5	73.7	60.3	9.2	12.1

续表

编号	粉煤灰掺量/%	矿渣粉掺量/%	钢纤维掺量/%	立方体抗压强度/MPa	轴心抗压强度/MPa	劈裂抗拉强度/MPa	抗折强度/MPa
B-6	0	30	6	76.9	63.2	9.1	13.2
C-0	20	10	0	41.9	30.4	5.2	4.7
C-1.5	20	10	1.5	48.5	38.9	5.8	6.8
C-3	20	10	3	59.3	48.7	7.6	9.9
C-5	20	10	5	68.6	52.4	8.7	11.8
C-6	20	10	6	74.1	58.8	9.6	12.5
D-0	15	15	0	43.3	31.3	4.9	5.2
D-1.5	15	15	1.5	49.5	39.2	6.2	8.4
D-3	15	15	3	60.7	51.6	7.7	9.8
D-5	15	15	5	68.2	56.3	8.4	11.9
D-6	15	15	6	75.1	60.7	9.3	12.8
E-0	10	20	0	44.7	32.3	4.7	5.4
E-1.5	10	20	1.5	51.7	41.2	6.4	8.6
E-3	10	20	3	60.3	53.7	7.1	10.4
E-5	10	20	5	71.2	58.1	8.0	11.7

为了更好地分析影响超短超细钢纤维自密实混凝土的各项因素,绘制如图 3.19—图 3.22 所示的不同掺合料模式下混凝土的力学性能变化图,根据上述图表数据,对在不同粉煤灰和矿渣粉掺量下随着超短超细钢纤维掺量变化,对各项力学性能指标的影响因素作出分析。

立方体抗压强度:从图 3.19 中可以看出,当钢纤维掺量为 0% 时,随着粉煤灰掺量的减少,各组普通混凝土的 28 d 立方体抗压强度值分别为 38.9,41.9, 43.3,44.7 和 45.2 MPa。当矿渣粉掺量为 30% 时,混凝土立方体抗压强度最大为 45.2 MPa。当粉煤灰掺量为 30% 时,28 d 立方体抗压强度值最小为 38.9 MPa,最大最小值相差 16%;粉煤灰和矿渣粉各掺 15% 时,立方体抗压强度值中等。可以看出,不掺加钢纤维的自密实混凝土,当矿渣粉掺量高时,28 d 立方体抗压强度也较高。当钢纤维掺量为 6% 时,此时各组混凝土试件均为高钢纤维掺量,显然钢纤维的加入有效提高了立方体抗压强度值,各组混凝土试件立方体抗压强度均提高 80% 左右,5 组不同掺合料比例的强度依次为 73.6,74.1,75.1 和 75.8 MPa,单掺 30% 矿渣粉一组立方体抗压强度值最高,但各组混凝土抗压强度趋于相等,可以看出试件内部由骨料和钢纤维组成的结构体系对强度影响更大。

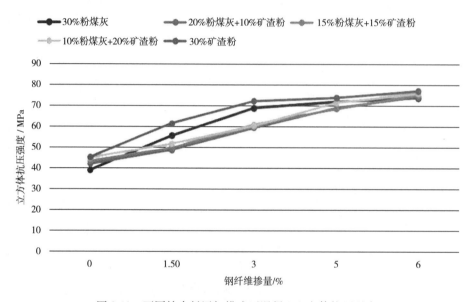

图 3.19　不同掺合料添加模式下混凝土立方体抗压强度

　　轴心抗压强度:从图 3.20 中可以看出,当钢纤维掺量为 0% 时,随着粉煤灰掺量的减少,钢纤维自密实混凝土的轴心抗压强度值依次为 29.4,30.4,31.3,32.4 和 33.1 MPa。同样地,当矿渣粉掺量最高时抗压强度也最高,其余 4 组试件差值不大。当钢纤维掺量为 6% 时,不同掺合料的混凝土试件轴心抗压强度值均提高 100% 左右;当矿渣粉掺量为 30% 时,轴心抗压强度最高为 63.2 MPa。普通自密实混凝土轴心抗压强度与立方体抗压强度换算系数均值为 0.7。当钢纤维掺量最高时,换算系数提高至 0.8。

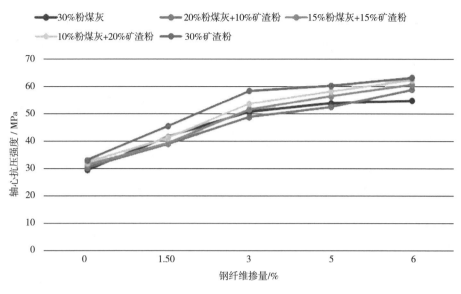

图 3.20　不同掺合料添加模式下混凝土轴心抗压强度

劈裂抗拉强度：从图 3.21 中可以看出，当钢纤维掺量为 0% 时，随着粉煤灰掺量的减少，普通混凝土抗拉强度值分别为 5.4，5.2，4.9，4.7 和 4.3 MPa。当粉煤灰掺量为 30% 时，抗拉强度较高；当矿渣粉掺量为 30% 时，抗拉强度较低。随着钢纤维掺量的提高，超短超细钢纤维自密实混凝土抗拉强度提高幅度约为 100%，试件内部密集的钢纤维吸收了很大一部分拉引力，从而阻止试件断裂。当钢纤维掺量为 6% 时，单掺粉煤灰抗折强度最高为 9.8 MPa，且各试件抗拉强度均值为 9.5 MPa。对数据进行统计分析，抗拉强度值与立方体抗压强度换算系数约为 12%。

抗折强度：从图 3.22 中可以看出，当钢纤维掺量为 0% 时，随着粉煤灰掺量的减少，不同配比的各试件抗折强度差值较小；当矿渣粉掺量为 20% 时，抗折强度最高为 5.4 MPa；当粉煤灰掺量为 20% 时，抗折强度最低为 4.7 MPa。随着钢纤维掺量的提高，抗折强度明显提高，提高幅度均值约为 150%。钢纤维的掺入极大地增强了混凝土的韧性，改变了其脆性结构。当钢纤维掺量为 6%，矿渣粉掺量为 30% 时，抗折强度最高为 13.2 MPa，抗折强度与立方体抗压强度的换算系数约为 15%。

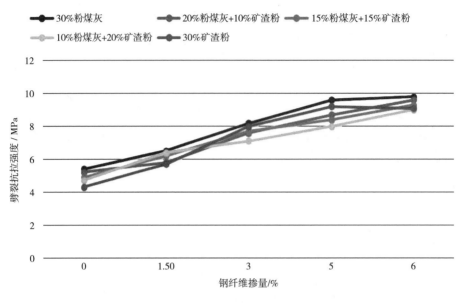

图 3.21　不同掺合料添加模式下混凝土抗拉强度

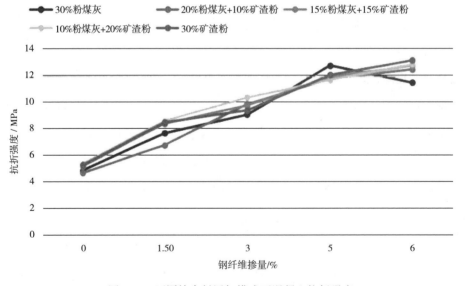

图 3.22　不同掺合料添加模式下混凝土抗折强度

当选取复掺掺合料时,20%粉煤灰+10%矿渣粉和 10%粉煤灰+20%矿渣粉的综合性能更优。当采取单掺掺合料和30%矿渣粉时,混凝土抗压强度更高。

30%粉煤灰的抗拉强度更好,抗折强度二者相差不大。

3.3 自密实混凝土结构浇筑工艺研究

3.3.1 自密实混凝土施工部署及施工顺序

自密实混凝土在施工过程中不需振捣,仅依靠自身重力便可密实,因此对于原材料的要求较为苛刻,前期需要对原材料进行检验和储存,施工时再根据条件进行计量搅拌,最终运输到现场进行浇筑施工。

1)自密实混凝土基本技术性能指标及注意事项

①水泥选用较稳定且符合强度要求的普通硅酸盐水泥;根据实际情况可添加掺合料,粉煤灰优先选择Ⅰ级,Ⅱ级符合要求也可,矿渣粉宜使用 S95 级矿渣粉;胶凝材料总用量宜控制在 400~550 kg/m³。

②粗骨料宜由连续级配或两种或多种单粒径级配组成,其最大公称粒径不宜超过 20 mm。

③由于砂石中含有大量的泥土和杂质,使水泥浆与骨料之间的黏结力降低,因此在加大用水量的同时也要提高水泥的用量,所以砂石的各项性能指标都要达到规范要求。砂率一般大于 45%,最高达到 50%。

④减水剂宜采用高效的聚羧酸减水剂作为掺量。

⑤到场混凝土的坍落度≥250 mm,坍落扩展度在 700 mm 以上,最好是 750 mm。测定坍落度时,将混凝土摊开,在混凝土的垂直方向上测量混凝土的直径,两个方向的平均值就是扩展度,它们的平均值都不能大于 2 cm。

⑥测量混凝土的坍落度时,高度差(与中心边缘)不允许大于 20 mm。

2)原材料的检验与储存

①胶凝材料、外加剂的检验项目与批次应符合《预拌混凝土》(GB/T

14902—2012)的规定。

②粗、细骨料的检验项目与批次应符合《普通混凝土用砂、石质量及检验方法标准》(JGJ 52—2006)的规定,其中人工砂检验项目还应包括亚甲蓝(MB)值。

③其他原材料的检验项目和批次应按国家现行有关标准执行。

④水泥应按品种、强度等级及生产厂家分别贮存,并应防止受潮和污染。

⑤掺合料应按品种、质量等级和产地分别贮存,并应防雨和防潮。

⑥骨料宜采用仓储或带棚堆场贮存,不同品种、规格的骨料应分别贮存,堆料仓应设有分隔区域。

⑦外加剂应按不同种类、不同厂家贮存,并采取遮阳、防水措施。粉末外加剂要避免潮湿和结块;液体外加剂贮存在密封的容器中,应防晒、防冻,在使用前必须充分混合。

3)计量与搅拌

①原材料的计量应按质量计,且计量允许偏差应符合表3.11的规定。

表 3.11 原材料计量允许偏差

原材料品种	胶凝材料	骨料	水	外加剂	掺合料
每盘计量允许偏差/%	±2	±3	±1	±1	±2
累计计量允许偏差/%	±1	±2	±1	±1	±3

注:①现场搅拌时,原材料计量允许偏差应满足每盘计量允许偏差的要求;

②累计计量允许偏差是指每一运输车中每盘混凝土的每种材料计量和的偏差,该指标仅适用于采用计算机控制计量的搅拌站。

②自密实混凝土宜采用集中搅拌方式生产,生产过程应符合《预拌混凝土》(GB/T 14902—2012)的规定。

③自密实混凝土在搅拌机中的搅拌时间不应少于 60 s,且与非自密实混凝土相比可适当延长。

④生产过程中,每个班组至少要对骨料的含水量检测一次。在骨料含水量变化较大的情况下,应增加试验次数,并根据试验结果对所用材料进行适当调整。

⑤在高温条件下,生产自密实混凝土原材料的最高入机温度应满足表 3.12 的要求,若有需要,可对原材料采取温控措施。

表 3.12　原材料最高入机温度

原材料	最高入机温度/℃
水泥	60
骨料	30
水	25
粉煤灰等掺合料	60

⑥冬季施工时,应适当加热拌合水和骨料,但拌合水的温度不应高于 60 ℃,骨料的温度不应高于 40 ℃;水泥、掺合料、外加剂不能直接加热。

⑦用于泵送密实轻骨料混凝土的轻骨料和粗骨料,应采用浸水、洒水或加压预湿等措施。

4)运输

①自密实混凝土运输应采用混凝土搅拌运输车,并宜采取防晒、防寒等措施。

②运输车辆在接料前,必须先清理车辆上的残余混凝土,并排除车辆内部的水。

③自密实混凝土在运输过程中,搅拌运输车的滚筒应保持匀速转动,速度应控制在 3~5 r/min,并严禁向车内加水。

④运输车从开始接料至卸料的时间不宜大于 120 min。

⑤卸料前,搅拌运输车罐体宜高速旋转 20 s 以上。

⑥自密实混凝土的供应速度应保证施工的连续性。

3.3.2　自密实混凝土施工措施及注意事项

1)一般规定

①在自密实混凝土施工前,必须根据工程的类型、特点、工程量、材料的供

应情况、施工条件、施工进度安排等确定施工方案,对作业人员进行技术交底。

②自密实混凝土施工应进行过程监控,并根据监测结果及时调整相应的施工方法。

③自密实混凝土施工应符合《混凝土结构工程施工规范》(GB 50666—2011)的规定。

2)材料设备

自密实混凝土施工工法的材料设备要求如下:

空间狭小孔洞结构自密实混凝土回填施工设备、材料、人力资源配置与常规泵送混凝土施工基本相似,其主要不同点为:

①空间狭小孔洞结构自密实混凝土回填时,为节约成本,在仓内的埋管一般由普通钢管加工制作而成,钢管型号与泵机泵管相配套,一般采用125 m或150 m钢管加工制作。

②空间狭小孔洞结构自密实混凝土回填时,混凝土不需要振捣,减少了浇筑工的配置,一般一个班配置2~3个浇筑工就能满足要求。

③空间狭小孔洞结构自密实混凝土回填时,混凝土不需要振捣,一般不需要配置振捣机房和振捣棒。

3)模板施工

①模板及其支架设计应符合《混凝土结构工程施工规范》(GB 50666—2011)的相关规定。新浇筑混凝土对模板的最大侧压力应按公式进行计算。

②成型的模板应拼装紧密,不得漏浆,应保证构件尺寸、形状,并应符合下列规定:

a.斜坡面混凝土的外斜坡表面应支设模板。

b.混凝土上表面模板应有抗自密实混凝土浮力的措施。

c.浇筑形状复杂或封闭模板空间内混凝土时,应在模板上的适当部位设置排气口和浇筑观察口。

d.模板及其支架拆除应符合《混凝土结构工程施工规范》(GB 50666—2011)的规定,对薄壁、异形等构件宜延长拆模时间。

4)浇筑

①在高温条件下,自密实混凝土的入模温度不应高于 35 ℃;冬季施工时,自密实混凝土的入模温度不能低于 5 ℃;下雨或下雪时,严禁在室外进行混凝土浇筑。

②大体积自密实混凝土的入模温度不宜超过 30 ℃;以入模温度为基准的混凝土隔热温增值不应超过 50 ℃,混凝土的降温速度不应超过 2.0 ℃/d。

③浇筑自密实混凝土时,要根据其施工区域的构造特征和自密实特性,选用合适的机具和浇筑方式。

④在自密实混凝土施工过程中,必须有专业人员对其进行监测,如果其自密实能力达不到需求,可以在原有的基础上再掺入与原配合比相同成分的外加剂,掺入外加剂后,搅拌运输车滚筒应快速旋转,外加剂掺量和旋转搅拌时间应通过试验验证。

⑤自密实混凝土泵送施工应符合《混凝土泵送施工技术规程》(JGJ/T 10—2011)的规定。

⑥自密实混凝土的泵送、浇筑必须连续进行。

⑦大体积自密实混凝土采用整体分层连续浇筑或推移式连续浇筑时,应缩短间歇时间,并应在前层混凝土初凝之前浇筑次层混凝土,同时应减少分层浇筑的次数。

⑧自密实混凝土浇筑最大水平流动距离要视各施工区域的具体要求而定,但不能大于 7 m。布点宜按自密实混凝土的特性决定,布点间距由试验决定。

⑨柱、墙模板内的混凝土浇筑倾落高度不宜大于 5 m,当不能满足规定时,应加设串筒、溜管、溜槽等装置。

⑩浇筑结构复杂、配筋密集的混凝土构件时,可在模板外侧进行辅助敲击。

⑪自密实混凝土宜避开高温时段浇筑。在水分快速蒸发的情况下,必须采

取防风、遮阳等措施。

混凝土现浇施工现场如图 3.23 所示。

图 3.23　混凝土浇筑施工现场

5)混凝土温度控制

自密实混凝土水泥含量多,混凝土水化热大,对混凝土温控压力也非常大。施工中主要采取以下温控措施:

①加强一次和二次风冷,同时做好水泥入罐和骨料温度检测,保证骨料冷透,通过一系列措施保证混凝土出机口温度低于 7 ℃。

②加强混凝上运输过程中的温控,对自卸车用遮阳棚保温,泵管包裹 2 mm 厚的保温被保温,同时加强车辆调配,确保混凝土快速入仓,提高浇筑入仓强度,减少混凝土在运输过程中的温升。

③优化混凝土配合比,减少水泥用量,降低水化热。

④埋设测温管和温度计,做好温度检测和监控,确保及时准确地了解混凝土温度变化,并采取相应的温控措施。

⑤冷却水管加密布置(一般间距为 1.0 m×1.0 m),根据温度检测资料,及时调整冷却通水方案。一般情况下,自密实混凝土浇筑即开始通水,通水温度为 8~10 ℃,24 h 换向一次,当混凝土内部出现最高温度前,通水流量一般为 35~40 L/min;当最高温度出现后,通水流量降至 18~25 L/min。

6）混凝土养护

①在制订养护计划时，要从自密实混凝土的性能、场地条件、环境温度、湿度、构件特性、工艺要求和施工工艺等方面进行综合分析。

②自密实混凝土浇筑完毕后，应及时采用薄膜覆盖、蓄水、喷涂或涂刷养护剂等养护措施，养护时间不得少于 14 d。

③对大体积自密实混凝土，其养护方法必须满足设计要求，如设计中没有特别要求的，则按《大体积混凝土施工标准》（GB 50496—2018）中的相关规定执行。对裂缝有严格要求的区域，要适当延长其养护周期。

④对平面结构构件，混凝土初凝后，应及时采用塑料薄膜覆盖，并应保持塑料薄膜内有凝结水。当混凝土强度达到 1.2 MPa 时，应覆盖保湿养护，在条件允许的情况下可进行蓄水养护。

⑤垂直结构构件拆模后，表面宜覆盖保湿养护，也可涂刷养护剂。

⑥冬期施工时，不得向裸露部位的自密实混凝土直接浇水养护，应使用保温材料和塑料薄膜进行保温、保湿养护，保温材料的厚度应经热工计算确定。

⑦采用蒸汽养护的预制构件，其养护制度应通过试验确定。

图 3.24 所示为混凝土在冬季时的养护情况。

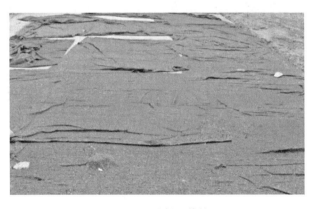

图 3.24　混凝土养护

第4章 地下立交砂卵石回填隧道非均匀沉降控制技术

从广义上讲,砂卵石土是对自然土中所有以漂石(块石)、卵石(碎石)、砾石(角砾)为主,含有少量砂土及黏性土粒的离散粗碎屑堆积物的统称[39]。砂卵石土(Sandy Pebble Soil, SPS)是粗粒土中比较特殊的一类,既有粗粒土石混合体离散性和高渗透性,也因其卵石颗粒为椭球形几何形态和颗粒强度高而具有特有性质,这些性质使得其力学特性异常复杂。本次工程砂卵石回填范围(图4.1)为:

①隧道基坑底部三角区域(或施工中现场机械不能碾压处)3 m 范围内采用砂卵石回填。

②天桥桩基(墩柱)结构外围1.5 m 范围内。

③3#车行通道、H 匝道隧道及 L 匝道隧道等金州大道节点范围,按结构开挖面采用砂卵石回填至最上层结构底板高程或上层道路路床高程。

为了更加准确地预测回填土体沉降值和隧道围岩压力值及支护结构受力大小,回填材料与地下结构的相互关系成为研究重点。通过理论解析计算,将其计算值与数值模拟进行对比分析。

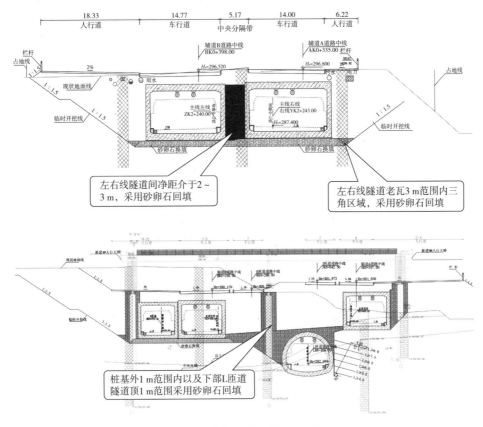

图 4.1　砂卵石回填范围示意图

4.1　砂卵石土物理力学特性与级配优选

4.1.1　砂卵石室内土工试验

砂卵石土是广义上的土石混合体,以漂石、卵石、砾石为主的颗粒构成,其基本特征是结构松散、无胶结,呈大小不等的颗粒状。砂卵石土也是特殊的回填材料,其物理性质和强度特性较一般回填土有所不同。因此,可根据《土工试验方法标准》(GB/T 50123—2019)开展室内试验,对砂卵石土的主要物理指标进行测定分析,包括含水率试验、筛分试验、直剪试验等。试样取自重庆市星光大道延伸段与金州大道节点立交改造工程施工现场,其中主要由粗粒卵石和小粒径砂土组成。

按照《土工试验方法标准》(GB/T 50123—2019)中的规定,取回试样后应立即采用烘干法进行含水率测试。分别进行 3 组试验,每组试样质量为 10 kg,将试样平摊在不锈钢托盘内并放入烘箱中,设置 105 ℃恒温,24 h 后取出称重,得到试样烘干后的质量,如图 4.2 所示。

图 4.2　烘干后的试样

含水率按下式计算,计算结果精确至 0.1%:

$$w = \left(\frac{m_0}{m_d} - 1\right) \times 100\% \tag{4.1}$$

式中　w——含水率,%;

　　　m_0——烘干前的质量,g;

　　　m_d——烘干后的质量,g。

通过以上含水率试验和计算,确定砂卵石土的实际天然含水率为 4.2%,见表 4.1。

表 4.1　砂卵石土含水率试验结果

试样编号	m_0/kg	m_d/kg	含水率/%	允许平行误差/%	平均含水率/%
砂卵石土-1	10	9.653	3.6		
砂卵石土-2	10	9.515	5.1	0.5	4.2
砂卵石土-3	10	9.634	3.8		

注:含水率为<10%、10%~40%、>40%时,允许平行误差分别为±0.5%、±1.0%、±2.0%。

砂卵石土的粒度级配关系可通过筛分法确定。由于取样现场的卵石存在 700 mm 以上粒径,超过室内试验仪器的尺寸,需要对其使用相似级配法进行处理。将缩尺后的试样取回后进行烘干处理,然后充分碾压,取回土样分成 3 组进行筛分,再对筛分所得各粒径区间的土样颗粒进行称量。砂卵石土筛分结果如图 4.3 所示。

图 4.3　砂卵石土筛分结果

砂卵石土各粒径占比分布见表 4.2,其天然级配为:$JP_{\mathrm{SPS}} = 3.50, 0.85, 1.77,$ $2.19, 4.29, 9.57, 20.13, 28.87, 20.22, 8.61$。

表 4.2　砂卵石土各粒径占比分布

筛径/mm	<0.075	0.15	0.3	0.6	1.18	4.75	16	26.5	40	60
砂卵石土-1	3.40	1.46	0.97	1.46	4.37	8.74	24.76	26.99	21.09	6.76
砂卵石土-2	3.20	0.78	2.80	1.54	3.94	12.50	14.86	29.91	21.63	8.84
砂卵石土-3	3.90	0.32	1.53	3.58	4.55	7.47	20.77	29.71	17.93	10.24
平均/g	3.50	0.85	1.77	2.19	4.29	9.57	20.13	28.87	20.22	8.61

对于砂卵石土而言,粒径小于 5 mm 的属于砂土,粒径大于 5 mm 的属于砂石,考虑砂卵石土中含有较多 60 mm 以上粒径的卵石,因此,根据缩尺筛分后的结果,取粒径大于 5 mm 的砂石占比为含石量,取粒径大于 26.5 mm 的卵石占比为粗粒卵石含量。

4.1.2 砂卵石土大尺度直剪试验

砂卵石土级配不良,松散度较高,强度和稳定性较弱,需进行直剪试验分析其强度参数。直剪仪器采用大型粗粒土压缩直剪仪 ZJ50-2G,仪器主要由外部刚性框架、上下剪切盒、水平和垂直加载系统、数据采集装置和油泵系统等组成,如图 4.4 所示。上、下剪切盒尺寸均为 300 mm×300 mm×200 mm,SPS 的天然含石量和粗粒卵石含量取值分别为 70% 和 30%。

图 4.4　大尺度直剪试验系统

为了较全面地研究 SPS 回填时的土压力分布规律和结构受力变形特性,结合星光大道延伸段和金州大道节点改造工程背景,展开大尺度直剪试验。主要考虑砂卵石粗粒含量变化对 SPS 剪切强度的影响,试验方案见表 4.3。试验方案中法向应力的选择是根据研究背景回填深度而定的,模拟深度分别为 18,16,24,32 m 的法向荷载,本试验尺度在粗粒土范畴内,试验剪切属于慢剪,大型直剪试验的剪切速率一般采用 0.02~1.2 mm/min,本试验采用 0.8 mm/min 的剪切速率。根据《水电水利工程粗粒土试验规程》(DL/T 5356—2006)中的规定,当剪切位移为 60 mm(试样长度的 20%)时终止试验。

表 4.3　直剪试验方案

试验类型	试验编号	粗粒卵石含量/%	法向压力/kPa
SPS	1-1-1	0	200
	1-1-2		400
	1-1-3		600
	1-1-4	30	200
	1-1-5		400
	1-1-6		600
	1-1-7	50	200
	1-1-8		400
	1-1-9		600
	1-1-10	70	200
	1-1-11		400
	1-1-12		600
SPS-混凝土接触面	2-1-1	30	200
	2-1-2		400
	2-1-3		600

　　根据《土工实验方法标准》(GB/T 50123—2019)中的规定,将大型直剪试验所得结果进行整理,得到不同粗粒卵石含量 SPS 分别在 200,400,600 kPa 的剪切应力-剪切位移关系曲线,如图 4.5 所示。一般地,SPS 的剪切强度取剪切应力-剪切位移关系曲线的峰值或平缓值。若曲线无明显峰值,其剪切强度则取剪切位移为试样直径或长度的 10%处的剪切应力值。

　　从图 4.6 中可以看出,在 4 组粗粒卵石含量不同试样的试验中,其剪切应力-剪切位移关系曲线形状近似相同,基本表现为:在剪切初期,竖向应力越大,剪切应力-剪切位移曲线斜率也增大,试样受剪时弹性变形阶段变长,其弹性模量也越大,试样更不容易被破坏;随着剪切过程的进行,曲线坡度放缓,试样剪切强度达到峰值或平稳阶段。可以看出剪切强度峰值或平稳值也随着竖向应力的增大而增大,说明试验中按照预定级配制备出的 SPS 受剪时的变形破坏特征具有一定规律,为工程使用也提供了参考依据。从图 4.5 中可以看出,在粗粒卵石含量一定的情况下,SPS 试样剪切应力与竖向应力近似呈线性关系,随着竖向应力的增大,其剪切强度也逐渐增大。原因分析:SPS 试样在直剪试验过程中首先要对其施加竖向荷载以达到压实和固结作用,竖向荷载越大,试样孔隙越小,细小砂土颗粒更加密实,与粗粒卵石的黏结作用更强,粗粒卵石提供的骨架效应更加明显,并且卵石之间的咬合力,细粒砂土之间、细粒砂土与粗粒砂、卵石之间的摩擦力也随竖向应力增大而增大,从而提高了试样的抗剪强度。

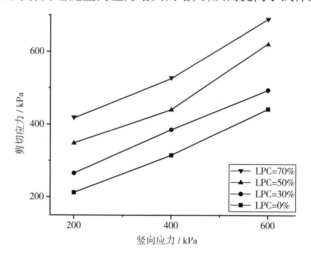

图 4.5 竖向应力与剪切强度的关系

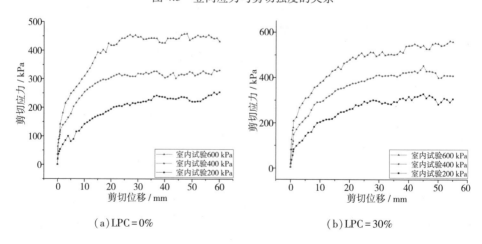

(a)LPC=0%   (b)LPC=30%

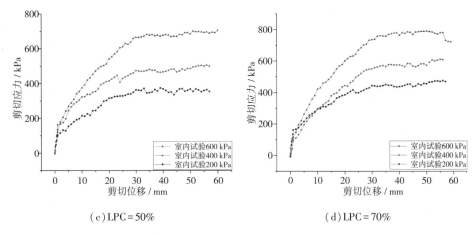

(c) LPC = 50%　　　　　　　　　　(d) LPC = 70%

图 4.6　竖向应力不同时 SPS 的剪切强度曲线

在剪切试验结束后,将剪切盒缓慢取下,使用刷子等工具扫清卸样时掉落的土样,观察剪切面样态和卵石破碎情况,如图 4.7 所示。

图 4.7　剪切面特征图

从图 4.7 中可以看出,砂卵石土试样的含水率较小,颗粒间的黏结力较差,在直剪试验中无法形成完整、清晰的剪切面,经过卸样清扫后,剪切面仍然存在一定量松散的细粒砂土,在粗粒卵石含量大时,甚至会发生上剪切盒中的试样垮塌引起剪切面的破坏。不同粗粒卵石含量试样的剪切面都出现了"石高土低"效应引起的斜坡区域,即剪切面上卵石含量大的一侧比卵石含量小的一侧高,这主要是因为在大直剪试验过程中,试样受剪后,细粒砂土与粗粒砂、卵石接触面上的黏结首先被破坏,细粒砂土开始脱落并产生裂缝,随着剪切进行,裂缝沿着粗粒砂、卵石表面开始发展,继而向四周的另一块粗粒砂、卵石方向延伸,最终形成如图4.8所示的内部裂缝,从而产生有斜坡区域的剪切面。

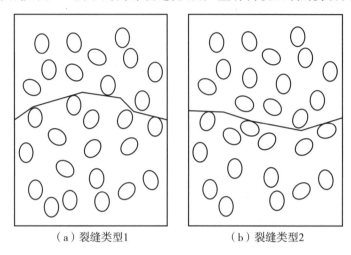

（a）裂缝类型1　　　　　　　　（b）裂缝类型2

图4.8　试样受剪后裂缝发展示意图

4.2　基于 PFC3D 非连续介质的离散元模型

4.2.1　离散元模拟平台

PFC3D 是由 Itasca 公司基于通用离散单元模型(Discrete Element Method,DEM)框架建立的计算引擎和图形用户界面构成的离散元细观分析软件。它可以使用内置的命令、FISH 语言和自编译二次开发程序进行建模和本构定义,以速度基本变量定义颗粒的各种参数,通过牛顿第二运动定律和"力-位移"定律循环交替的基本运算理论对模型进行有限次迭代,最终达到颗粒间的相互平衡状态。

PFC3D 是一种通过关键词命令来定义颗粒的接触类型和细观参数,以反映材料的宏观力学性质的模拟工具。颗粒通过在接触点的广义内力相互作用下而相互连接,以局部影响总体来反映微细观介质的多种力学行为,并作出以下假设:

①颗粒属于刚体,不会发生变形;

②颗粒间接触为柔性点接触；

③颗粒间接触允许重叠，并受接触力的大小影响；

④颗粒间接触为特定的本构模型，因此可以不受材料变形的影响。

对于非连续介质，PFC3D 可以高效精确地分析其力学特性、细观变形机理，以及多种介质间的物理力学关系。在运算过程中，构成实体模型的颗粒单元可以进行位移、旋转，颗粒间的接触键能够承受力和力矩。当接触链的强度不足以支撑受到的外力时就会断裂，引起颗粒内应力重分布，派生出新的接触或加剧接触的断裂，发展出宏观裂缝而导致结构破坏。

PFC3D 中常用的接触模型主要有以下几种：

（1）线性模型（linear）

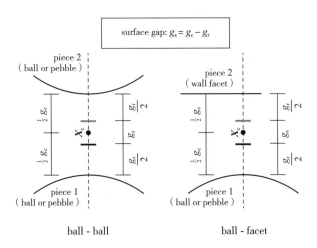

图 4.9　线性接触模型示意图

线性模型包括线性组件(linear)和阻尼器(dashpot)。线性组件为模型提供线弹性摩擦行为,阻尼器则提供阻力行为,两种组件在极小区域上并行生效,因此颗粒间仅有力的传递,不抵抗相对转动,其接触力矩值恒为零。如图 4.9 所示,线性行为由具有恒定线性接触法向刚度 k_n 和切向刚度 k_s 的弹簧产生,阻力行为由法向临界阻尼比 β_n 和切向临界阻尼比 g_s 产生,其颗粒间隔 g_s 等于表面间隔 g_c 和基准间隔 g_r 之差,当 $g_r=0$ 时,概念表面和部件表面重合,当且仅当 $g_r \leqslant 0$ 时,线性接触视为激活。若 $g_r > 0$,接触将跳过"力-位移"定律。线性模型不提供拉应力,使用摩擦系数 μ 对剪切力施加库仑极限来调节滑移。阻尼力由阻尼模式提供法向和切向以及组合的 4 种行为。

(2)接触黏结模型(linearcbond)

接触黏结模型是基于线性模型而提出的一种新型接触,具有线性模型阻尼黏性行为和基准间隔 g_r 为零的特点,可以定义在球-球接触和球-面接触上,作用形式为颗粒接触面上的黏结弹簧,具有恒定的法向刚度和切向刚度。

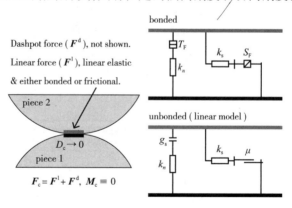

图 4.10　线性接触黏结模型示意图

如图 4.10 所示,相较于线性模型,接触黏结模型可以定义接触间的拉伸和剪切强度。接触键允许拉力表面在间隔处发展,受到抗拉强度的限制。另外,黏结的存在使模型不发生滑移,剪切力由摩擦系数和法向力的乘积决定,并受到抗剪强度的限制。法向力发展到抗拉强度极限后黏结断裂,法向力和剪切力均变为零。在剪切力不超过摩擦系数和法向力的乘积的前提下,如果超过了剪切强度,接触就会断裂,但接触力不消失。接触黏结模型破坏后会自动发展成线性模型。

（3）平行黏结模型（linearphond）

平行黏结模型是在线性模型阻尼器和基准间隔 g_r 的基础上,在接触体之间添加有限尺寸的类水泥材料,具有恒定的法向刚度和切向刚度,在颗粒间产生弹性相互作用,不排除滑动的可能性,可以传递力和力矩[45]。如图4.11 所示,平行黏结模型在接触位置处具有两个接触行为界面:第一个是线性模型,提供无限小的线性弹性和作用力的摩擦界面,不抵抗相对转动,对剪切力附加库仑极限适应相对滑移。第二个是平行黏结,提供无限小的线性弹性与作用力和力矩有黏结界面,相当于是均匀分布在两个部件接触点横截面上的弹性弹簧,用来

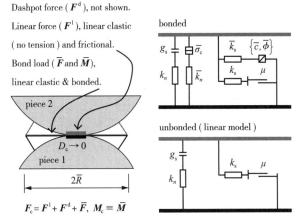

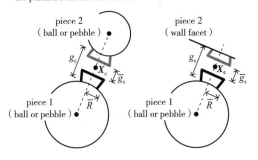

图 4.11　平行黏结模型

抵抗相对转动,与线性模型的摩擦界面同步生效,接触体的相对运动在材料内部产生作用在接触面上的力和力矩,其大小与黏结材料的最大法向力和切向力相关。当其中一个最大应力达到黏结强度极限时接触断裂,平行黏结模型接触及其相关的作用力、力矩和刚度弹簧将全部消失,平行黏结模型发展为线性模型。

此外,软件还内置了多个接触本构模型,如滚动阻力线性模型、平直节理模型等,但相对前面介绍的 3 种本构都不适用于 SPS 回填土模拟。因此,为了能清楚地反映粗粒卵石和细粒砂土之间连接和断裂的情况,本次研究为 SPS 离散元模型选用平行黏结接触模型(Linearpbond)进行数值试验。

4.2.2 离散元模型的建立

在离散元软件 PFC3D 中,离散元模型由颗粒(球、团)和墙组成。其中,颗粒是离散元模型分析的基础部件,用以模拟空间分布、力学特性不同的各种离散性材料。许多学者使用 PFC3D 对土石混合体展开数值模拟分析,但大多数都是使用 Ball 颗粒来建模的,而卵石大多具有宽而扁的几何形态,Ball 颗粒不能真实、直观地对卵石自身的几何形态以及卵石与砂土间的黏结特点进行模拟。Clump 颗粒是由一定个数的 Pebble(等同于 Ball)组成的刚性颗粒簇,可以使用 Clump Template 命令按需调整颗粒的几何形状,也可以直观地反映卵石的外形特点,从而提高模拟的准确性,而 Clump 颗粒可以对整个簇进行赋值,更能体现其整体性。因此,选用 Clump 颗粒进行建模,并结合 Bubble-Pack 算法调整颗粒的体积比和粒径比以控制模拟的精度和计算效率。

如图 4.12 所示,SPS 中的细粒砂土颗粒尺寸较小,形状比较规则,可近似看作球形,因而选用单球体 Pebble 模板建模。对于粗粒卵石,其粒径远大于细粒砂土,形状也各不相同,故使用 Clump 模板并通过 Clump Distribute 命令调整颗粒级配和空间位置实现对 SPS 回填土的模拟。

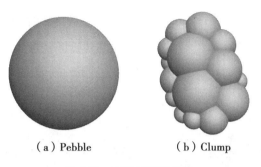

（a）Pebble　　　　　（b）Clump

图 4.12　离散元模板创建

粗粒卵石的空间形状和粒径尺寸是影响 SPS 回填土整体抗剪强度的重要因素,正确创建与真实形状相同的颗粒模型对分析回填响应具有至关重要的作用。因此,本章利用三维 CT 扫描技术来实现粗粒卵石 Clump 模板的创建,相较于随机多边形技术和数字图像技术,CT 扫描技术可以更精确地获取样石的形状,并且免除复杂的数学计算过程,在极大程度上提高了块石生成效率。为了更真实地反映 SPS 形状,基于现场取样及室内试验,选取形状具有代表性的卵石进行扫描,如图 4.13 所示。

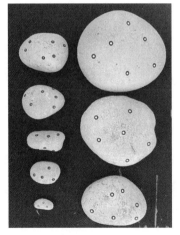

图 4.13　粗粒卵石 CT 扫描结果

扫描得到的 STL 文件精度较高,导入 PFC 后生成的 Geometry 有大量的网格数据点,直接用以生成 Clump 的计算效率较低,并且在细小位置处可能存在模型不闭合的问题。因此,需要运用 Matlab 程序对扫描后的数字图像进行处理,获得其傅里叶函数、球面谐波以及碎石的形状、棱角性和纹理等形态特征,并对块石轮廓的数据点和粗糙度进行优化处理,将处理后的数字图像保存为 PFC3D 可识别的文件格式,以便后续在 PFC3D 中调用图形文件并高效生成真实形状块体,处理后的模型如图 4.14 所示。

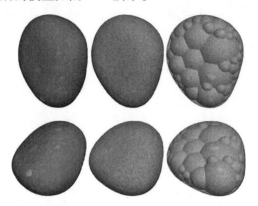

图 4.14　扫描模型简化封闭处理

4.2.3　离散元细观参数标定

1)标定试验模型

结合之前对 SPS 进行的大尺度直剪试验,开展直剪数值试验进行细观参数标定,模型尺寸与室内试验相同,即 300 mm×300 mm×400 mm。在 PFC3D 中提供了刚性 Wall 部件来构建剪切盒模型边界,在上、下剪切盒之间添加水平侧板,防止颗粒在剪切过程中掉落,通过 FISH 语言编码控制颗粒在剪切盒中根据设定的孔隙比和级配条件随机生成,并使其在 Azimuth,Elevation 和 Tilt 3 个方向上任意旋转,在生成颗粒时应注意界定 Range,确保其略小于剪切盒尺寸,使颗粒能与墙体良好地接触,避免产生负接触。其中,SPS 回填土的级配设定为 5 组,分别为 5~10 mm,10~15 mm,15~26 mm,26~40 mm,40~60 mm。其中,粒径小于 26 mm 的颗粒使用 Pebble 模板生成,粒径大于 26 mm 的颗粒使用 Clump 模板生成,基于此得到的直剪数值模型如图 4.15 所示。

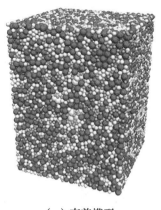 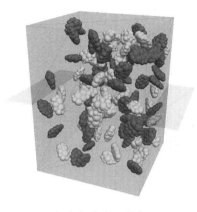

（a）直剪模型   （b）粗粒卵石分布

图 4.15 离散元直剪数值模型

直剪模拟中竖向荷载通过向墙体施加速度来实现,为了使竖向荷载达到预定值,则需要采用伺服控制加载方式,即在每个时间步前都通过计算调整墙体的速度来精确设定墙体荷载,墙体所需满足的法向速度为:

$$\dot{u}_n^w = G(\sigma^{\text{measured}} - \sigma^{\text{require}}) = G\Delta\sigma \tag{4.2}$$

其中,

$$\sigma^{\text{measured}} = \frac{\sqrt{F_{wx}^2 + F_{wy}^2}}{A} \tag{4.3}$$

式中 G——伺服系数;

F_{wx}^2, F_{wy}^2——Wall 与 Clump 在 x, y 方向上的接触力;

A——边界 Wall 的接触面积。

通过遍历 Clump 与 Wall 的所有接触,不断调整墙体伺服速率,计算出下一个时间步的伺服参数 G 后,得到新的墙体速度后继续进行伺服循环,直到边界 Wall 的平均接触应力达到预定的竖向荷载值。

在每个时间步内进行一次迭代,由约束运动引起的约束力的最大增量为:

$$\Delta F^{(w)} = k_n^{(w)} N_c \dot{u}^{(w)} \Delta t \tag{4.4}$$

式中 N_c——边界 Wall 约束上接触面的数量;

$k_n^{(w)}$——这些接触面的平均刚度。

因此,边界 Wall 上的平均接触应力的改变量为:

$$\Delta\sigma^{(w)} = \frac{k_n^{(w)} N_c \dot{u}^{(w)} \Delta t}{A} \tag{4.5}$$

为了能够使计算保持稳定性,边界 Wall 上的应力必须小于当前应力与目标应力差值的绝对值,通常会在 Wall 的伺服过程中引入一个应力释放因子 α,以此来保证加载的稳定性,则:

$$\left| \Delta\sigma^{(w)} \right| < \alpha \left| \Delta\sigma \right| \tag{4.6}$$

联立可得:

$$\frac{k_n^{(w)} N_c G t}{A} < \alpha \tag{4.7}$$

则伺服系数 G 应满足:

$$G < \frac{\alpha A}{k_n^{(w)} N_c t} \tag{4.8}$$

通常 α 取 0.5。

2)颗粒几何特征标定

在建立 SPS 数值模型的过程中,块体颗粒的生成是基于 Clump Template 控制的,通过调整表面平整度 distance(范围为 0°~180°)和填充 pebble 的最小/最大粒径比 ratio(范围为 0~1)可以控制碎石形状的仿真度和程序运算效率。因此,生成块体前就需要确定颗粒模型的光滑度和粒径比。由王赫的研究可知,级配土石生成的块体模板平整度一般取值范围为 100~140,粒径比的取值范围为 0.1~0.4。据此,开展直剪模拟试验标定模板的平整度和粒径比,试验方案及结果见表 4.4 和表 4.5。

表 4.4　平整度试验

平整度	100	110	120	130	140
Clump Template					

续表

颗粒数	38	49	68	88	132
计算效率	3.624 15e-7	2.767 20e-7	1.408 21e-7	8.655 07e-8	3.874 96e-8

表 4.5　粒径比试验

粒径比	0.1	0.2	0.3	0.4
Clump Template				
颗粒数	116	68	33	14
计算效率	7.159 85e-8	1.408 21e-7	2.367 81e-7	4.504 58e-7

由表 4.4 可知,在粒径比一定时,颗粒数与平整度呈正相关,平整度越大,模拟越接近真实形状,但计算效率会下降。由表 4.5 可知,在平整度一定时,颗粒数与粒径比呈负相关,粒径比越大,模板表面越粗糙,仿真度下降,但计算效率有所提高。为了能够提高颗粒模板的真实度并确保计算效率,本节采用粗粒卵石模板的平整度取 120,粒径比取 0.2。

3)颗粒细观参数标定

与连续体数值模拟方法不同,材料的宏观力学参数无法直接运用于离散元的模型中,需要通过压缩、剪切等数值试验不断调整反推出适用的离散元细观参数来实现对材料宏观力学行为的模拟,这即是离散元的细观参数标定,标定结果直接影响离散元模型对材料宏观力学特征反映的准确度。在数值三轴模拟试验中,对强度曲线存在影响的参数主要包括以下几种:数值模型的高度 L 和宽度 W;模型孔隙率 n;模型特征长度比 L/R;粒径比 $R_{\max}/R_{\min}$;墙体的刚度比 K_n^w/K_s^w;墙体的加载速率 v;颗粒密度 ρ;颗粒有效模量 E_c;颗粒刚度比 K_n/K_s;颗粒的摩擦系数 μ;黏结键的半径系数 λ;黏结键的刚度比 $\overline{K_n^w}/\overline{K_s^w}$;接触的法向强

度 $\bar{\sigma}$ 和切向强度 $\bar{\tau}$。PFC3D 软件提供了一个"交叉试错法",即取某一个参数为变量,在其他参数固定不变的条件下对这个变量进行敏感性分析,找到该参数对材料属性的影响阈值后,继续微调参数。当数值试验结果与室内试验结果相差 5% 的范围内即认为参数取值合理。大量学者在使用离散元模型做研究时都采用了该方法。对细观参数量比较少的线性接触等本构,"交叉试错法"是比较可行的,但是平行黏结模型所涉及的细观参数较多,且许多细观参数与真实材料参数之间存在显著的非线性。使用"交叉试错法"不仅需要进行大量的交叉对比试验,还会因为参数自身之间的联系而影响模型的标定结果,有较大的盲目性,同时对计算机性能也有一定的要求。因此,为了简化参数标定的过程,提高标定效率和准确度,大量学者基于离散元数值的力学试验,对多项细观参数进行敏感性分析,提出了一系列宏细观参数间的定性关系,可能通过计算得出细观参数阈值,极大地减小了"试错"量,从而提高了细观参数标定的工作效率,对离散元数值模拟的研究和发展具有重要意义。

(1)弹性模量宏观关系

$$\frac{E}{E_c} = a + b \ln \left(\frac{k_n}{k_s} \right) \tag{4.9}$$

式中　E——弹性模量,GPa;

　　　E_c——颗粒间有效模量,GPa;

　　　$\dfrac{k_n}{k_s}$——法向和切向刚度比;

　　　a, b——经验系数,与模拟材料的自身属性有关。

(2)泊松比宏观关系

$$v = c \ln \left(\frac{k_n}{k_s} \right) + d \tag{4.10}$$

式中　v——泊松比;

　　　c, d——经验系数,与模拟材料自身属性有关。

（3）单轴抗压强度回归分析

$$\frac{\sigma_c}{\bar{\sigma}} = \begin{cases} a\left(\dfrac{\bar{\tau}}{\bar{\sigma}}\right)^2 + b\left(\dfrac{\bar{\tau}}{\bar{\sigma}}\right), & 0 < \left(\dfrac{\bar{\tau}}{\bar{\sigma}}\right) \leqslant 1 \\ c, & \left(\dfrac{\bar{\tau}}{\bar{\sigma}}\right) > 1 \end{cases} \qquad (4.11)$$

式中　σ_c——抗压强度，MPa；

　　　$\bar{\sigma}$——平行黏结法向黏结强度，MPa；

　　　$\bar{\tau}$——平行黏结切向黏结强度，MPa；

　　　a,b,c——经验系数，与模拟材料自身属性有关。

（4）抗拉强度回归分析

$$\frac{\sigma_t}{\bar{\sigma}} = \begin{cases} d\left(\dfrac{\bar{\tau}}{\bar{\sigma}}\right)^2 + e\left(\dfrac{\bar{\tau}}{\bar{\sigma}}\right), & 0 < \left(\dfrac{\bar{\tau}}{\bar{\sigma}}\right) \leqslant 1 \\ f, & \left(\dfrac{\bar{\tau}}{\bar{\sigma}}\right) > 1 \end{cases} \qquad (4.12)$$

式中　σ_t——抗拉强度，MPa；

　　　d,e,f——经验系数，与模拟材料自身属性有关。

基于第 2 章大尺度直剪试验所得 SPS 回填土的宏观力学参数和式（4.9）至式（4.12）给出的宏细观参数之间的关系，初步计算出 SPS 回填土的细观参数阈值，再通过数值直剪试验微调相关参数，最终得到可以反映材料宏观力学特性的细观参数，见表 4.6。

表 4.6　离散元模型的主要细观参数

细观参数	参数取值
颗粒弹性模量 E/Pa	5.5e7
颗粒体密度 ρ/$(\text{kg} \cdot \text{m}^{-3})$	2 100
最小颗粒半径 $R_{\min}$/m	0.1
最大与最小颗粒半径比 $R_{\max}/R_{\min}$	10.0
颗粒摩擦因数 μ	0.1

续表

细观参数	参数取值
颗粒刚度比 K_n/K_s	1.5
平行黏结半径系数 λ	1.0
平行黏结刚度比 $\overline{K}_n/\overline{K}_s$	1.5
平行黏结法向强度 $\overline{\sigma}/\mathrm{Pa}$	7.5e6
平行黏结切向强度 $\overline{\tau}/\mathrm{Pa}$	7.5e6

使用数值标定所得的参数对第 2 章直剪试验中粗粒卵石含量为 30% 的工况进行模拟,强度曲线和拟合曲线如图 4.16 所示,所得强度指标见表 4.7。可以看出模拟试验剪切应力-剪切位移曲线与室内试验结果基本吻合,整体误差也保持在较小的范围内,拟合效果良好,说明 PFC3D 中使用表 4.6 的参数可以较好地反映实际的大尺度 SPS 室内直剪试验,同时所生成的离散元模型也能较准确地模拟施工所用 SPS 回填土的物理力学特性,同时说明了颗粒流模拟的科学合理性。

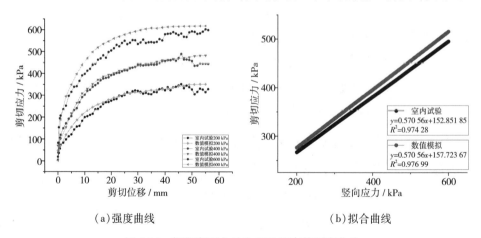

(a)强度曲线　　　　　　　　　　(b)拟合曲线

图 4.16　粗粒卵石含量为 30% 的直剪强度曲线

表 4.7　粗粒卵石含量为 30% 的宏观参数拟合结果

强度参数	室内试验	数值模拟	相对误差
黏聚力 c/kPa	152.85	157.08	0.027 7
内摩擦角 $\varphi/(°)$	29.71	30.84	0.038 0

4.3　FLAC3D-PFC3D 耦合数值模拟方法

4.3.1　FLAC3D-PFC3D 耦合原理

连续数值模拟方法如有限单元法、有限差分法等,在计算时依赖于单元,而单元之间需要节点耦合才能传递荷载,以确保整个体系的有效性。然而,连续数值方法所能模拟的变形量有限。当变形超过一定程度时,单元可能会变成畸形,导致刚度矩阵无法求解,从而使计算终止。而离散单元是基于块体或者颗粒,块体和颗粒之间可以分离,通过每个时间步不断判断接触情况,更新块体或颗粒的运动方程,从而不受变形量的控制,但大量的接触判断可能降低计算速度。因此,若对模型潜在破坏区域或需要反映材料细观力学性质的区域采用非连续方法分析,对基础、基岩、远离分析区域的不会出现大变形破坏的部位采用连续数值模拟方法分析,既能满足计算效率的要求,又可不受变形量的限制。

本节使用 FLAC3D 对数值模型中的原状土体和基岩进行模拟,使用 PFC3D 对 SPS 回填土进行模拟。Itasca 公司使用 Socket O/I 接口让 FLAC 与 PFC 软件进行数据传输与交换,两者间的相互耦合发生在连续区域与离散区域接触边界,可使用基于颗粒边界控制和基于墙域边界控制两种耦合方法。如图 4.17 所示,本节使用基于墙域边界的方法实现耦合,在耦合模型计算过程中必须开启大应变模式。为了使球、簇与连续区域相互作用,耦合插件允许 PFC 中的耦合墙单元传递颗粒与实体单元(或结构单元)的力及弯矩,在颗粒运动过程中,作用在墙体上的接触力和接触弯矩采用等效力法分配到墙面的顶点上,而墙体的顶点附着于实体单元的网格点或结构单元的节点上,因此,墙顶点与实体单元的节点同步运动,这些力参与实体单元的分析,反之亦然。墙域边界耦合原理如图 4.17 所示。

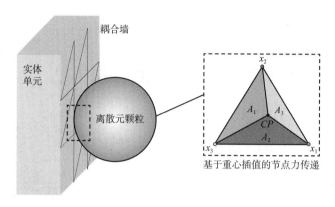

（a）墙域耦合原理

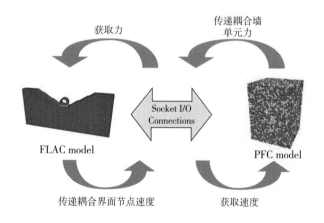

（b）信息交互模块

图 4.17　基于墙域边界控制的耦合原理

4.3.2　FLAC3D-PFC3D 耦合的模型建立

基于以上原理,可以得到使用 FLACED-PFC3D 耦合系统对明挖隧道砂卵石土回填进行模拟的方法和信息交互过程如下:

①使用 Rhino 软件建立三维模型,通过 Griddle 模块对模型划分网格并导出 F3grid 文件。采用 Import 命令将三维网格导入 FLAC3D 中,进行初始地应力平衡后,将位移清零,如图 4.18 所示。

②将回填区的实体网格删除,施加边界条件后再次进行平衡。

③基于 4.2 节中的研究,得到适用于 SPS 回填土的细粒砂土和粗粒卵石的离散元颗粒模板。根据 4.2.3 节中的模型标定结果,使用 Distribute 命令指定 SPS 回填土的孔隙率、级配和体积比,再使用 Fish 函数分区生成颗粒,直到填满预定的回填高度。由此得到的明挖隧道回填的连续-离散耦合数值模型如图 4.19 所示。

④对颗粒施加宏细观力学参数后运算至平衡状态,以实现回填土虚填作业,分序提高颗粒间和颗粒与墙体的接触强度,从而实现压实效果。

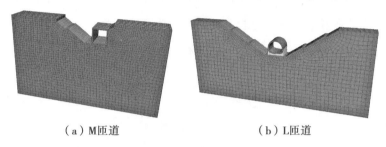

（a）M 匝道　　　　　　（b）L 匝道

图 4.18　明挖隧道三维数值模型

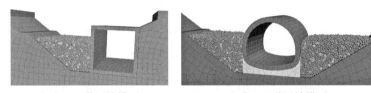

（a）M 匝道回填模型　　　　　　（b）L 匝道回填模型

图 4.19　明挖隧道回填的连续-离散耦合数值模型

4.4　耦合数值模拟方案

为了对明挖隧道砂卵石土回填响应进行研究,本节依托工程实际情况,同时结合施工现场实测分析方案,按照 4.3 节中讲述的三维连续-离散耦合数值分析方法建立明挖回填三维模型,分别从隧道结构形式、回填高度、开挖放坡度变化 3 个角度进行数值模拟分析。下文对两种隧道结构形式的不同回填工况分别进行介绍。

4.4.1 矩形隧道（M 匝道）

由工程实际情况可知,所研究的 M 匝道的隧道断面形式为矩形,如图 4.20
所示,前期以 1∶1.5 的放坡度进行开挖,隧道结构施作完成后在其左侧和顶部
进行回填,根据工程参数确定模型大小为 92 m×52 m×15 m,得到的三维数值模
型如图 4.21(a)所示,使用离散元颗粒的最高回填高度为 12 m。为研究回填施
工过程中隧道结构受到的回填土压力并与工程实测数据进行对比,根据施工现
场土压力盒安装位置在隧道结构左侧和顶部设置应力测线,编号为 1—1,2—2,
3—3。在每条测线上布置 4 个测点,具体布置方式如图 4.21(b)所示。

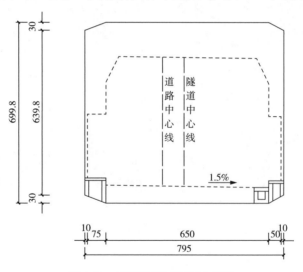

图 4.20 M 匝道断面轮廓示意图

为响应工程实际监测所得的土压力数据,分别将离散元颗粒回填高度设置
为相对于隧道底部 2.3,6.3,9 和 12 m 4 个位置,各个回填高度的数值计算模型
如图 4.22 所示。

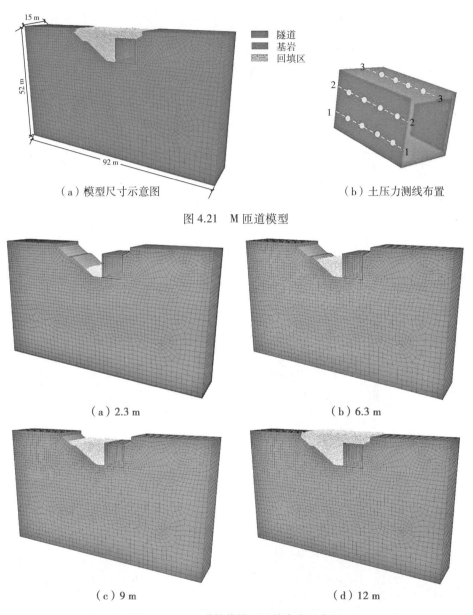

（a）模型尺寸示意图 （b）土压力测线布置

图 4.21 M 匝道模型

（a）2.3 m （b）6.3 m

（c）9 m （d）12 m

图 4.22 M 匝道数值模型回填高度示意图

4.4.2 拱形隧道（L 匝道）

由工程实际情况可知,所研究的 L 匝道的隧道断面形式为拱形,如图 4.23

所示,前期以 1∶1.5 的放坡度进行开挖,隧道结构施作完成后在其两侧和顶部进行回填,根据工程参数确定模型大小为 140 m×61.5 m×10 m,得到的三维数值模型如图 4.24(a)所示,使用离散元颗粒的最高回填高度为 21.5 m。为研究回填施工过程中隧道结构受到的回填土压力并与工程实测数据进行对比,根据施工现场土压力盒安装位置,在隧道结构左侧和顶部设置应力测线,编号为 1—1, 2—2,3—3,每条测线上布置 4 个测点,具体布置方式如图 4.24(b)所示。

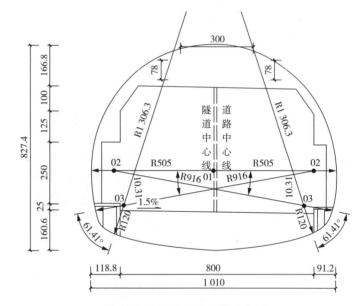

图 4.23　L 匝道断面轮廓示意图

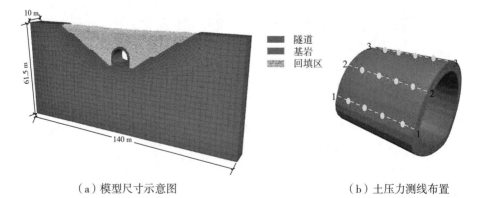

（a）模型尺寸示意图　　　　　　　（b）土压力测线布置

图 4.24　L 匝道模型

为响应工程实际监测所得的土压力数据,分别将离散元颗粒回填高度设置为相对于地板 3.5,7.5,10.2,16.2 和 21.5 m 5 个位置,各个回填高度的数值计算模型如图 4.25 所示。

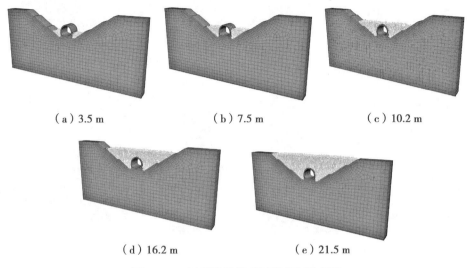

（a）3.5 m　　　　　　　（b）7.5 m　　　　　　　（c）10.2 m

（d）16.2 m　　　　　　　（e）21.5 m

图 4.25　L 匝道数值模型回填高度示意图

4.5　矩形隧道砂卵石土回填响应分析

按照 4.4 节中的方案建立回填高度分别为 2.3,6.1,9 和 12 m 的数值模型,对矩形明挖隧道使用 SPS 回填土的填筑过程进行耦合数值计算,得到回填至稳定的结果。下文将从位移场和颗粒接触关系两个方面对其进行分析。

4.5.1　位移场分析

图 4.26 和图 4.27 分别给出了数值模型在不同回填高度下的竖向位移状态和水平位移状态,图 4.28 给出了不同回填高度下的颗粒矢量状态。

从图 4.26 中可以看出,在回填过程中,隧道左侧边坡在颗粒荷载作用下开始向下产生位移。总体来看,在颗粒、地层参数和断面结构形式完全相同的条

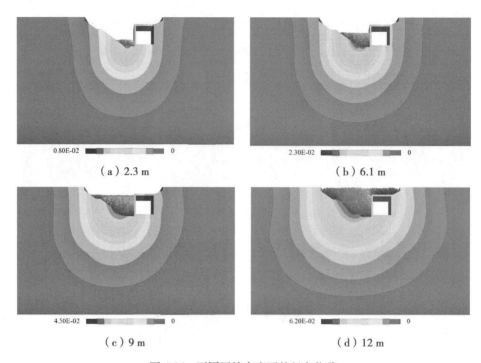

图 4.26 不同回填高度下的竖向位移

件下,不同回填高度下,土体的竖向位移均向下,且具有相似的发展趋势,均表现为 U 形槽状,但是随着回填土高度的增加,U 形槽中心开始向远离隧道的一侧偏移。回填高度为 2.3 m 时,回填土的荷载主要由地板承受竖向土压力,边坡 U 形槽中心出现在边坡坡脚,并向两侧对称延伸,达到隧道结构位置后右侧位移延伸范围较左侧减小,这是因为回填土的一部分荷载被隧道结构抵抗,地面下沉受隧道结构的约束作用。随着高度的增加,受力中心开始由地板向边坡转移,逐渐表现为边坡承受的主动土压力,当回填高度达到 6.3 m 时,边坡坡脚和边坡填坡段位置均出现了位移槽中心,两者分别向下延伸后汇聚成整体。当回填高度达到 9 m 时,回填土整体呈现出"趴卧"在边坡上的状态,边坡完全成为受力主体,位移槽由对称分布转变为勺形,并沿边坡向上爬升。当回填高度达到 12 m 时,隧道结构完全被回填土覆盖,模型迭代稳定后,土体竖向位移达到最大值 6.2 cm,且位于边坡中段。在整个过程中,随着回填高度的增加,土体竖向位移槽的中心线从垂直于地面逐渐向隧道方向旋转,并沿边坡向上移动,土体最大竖向位移点从坡脚沿边坡向上爬升,基本处于回填土整体的中线位置,这是因为土体产生位移主要是由于承受了回填土的荷载,因此最大竖向位移通常发生在回填土重心所在范围内。

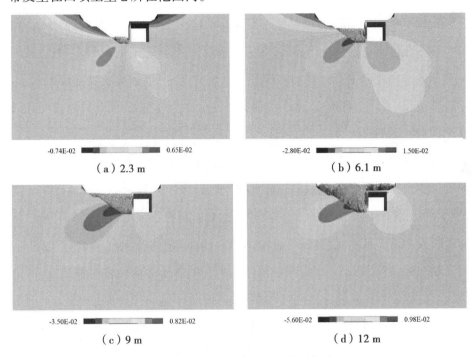

图 4.27　不同回填高度下的水平位移

从图 4.27 可以看出,当回填土开始填筑后,原土体在回填土的挤压作用下,开始向边坡内部发展水平位移,且在不同回填高度下具有相同的发展规律,均呈现出水滴形位移槽。当回填高度达到 2.3 m 时,地板以下土体内部出现较小的水平位移,这些位移以回填土中心为起点向两侧延伸。但右侧同样受到隧道结构对土体的约束作用,导致其产生的水平位移小于左侧,且发展区域也比左侧小。在回填高度达到 6.3 m 的过程中,左侧边坡的水平位移迅速增大,并以水滴状向内部延伸。随着回填高度的增加,其延伸范围也越大。当回填高度达到 12 m 后,地层的水平位移达到最大值 2.9 cm,位于边坡中段。同样,在回填过程中,边坡的水平位移槽大致上表现出对称性,但其对称轴并不像竖向位移那样垂直于地面,而是与边坡形成一定的夹角,并向隧道一侧倾斜。随着回填高度的增加,位移槽的对称轴沿着边坡向上移动,始终指向回填土的重心区域。

当回填高度达到边坡坡顶时,土体的竖向、水平位移增长速率开始减缓,影响范围也不再大幅度扩大。这是因为在回填过程中,边坡土体在主动土压力的反复作用下得到一定程度的再次夯实,较回填前更稳定。因此随着回填进行,其位移变化速率逐渐减小。另外,在回填初期,由于开挖时间较短,左侧边坡因土体卸荷作用而产生了向基坑内部的水平位移,但由于放坡度设置较大,其水平位移值很小,回填开始后,水平位移主要发生在边坡下部,因此可以忽略其对整个回填过程的影响。

对于颗粒而言,当回填高度较低时,颗粒主要是随着原土体下沉或水平内陷而产生位移,竖向位移基本与地面保持平衡,水平位移主要表现为受压后向两侧移动。随着回填高度的增加,先填入的颗粒已经被压实,逐渐趋于稳定,基本不再发生水平运动,仅有随着上覆回填土增加和压实过程而有轻微的下沉,对于后填的颗粒,贴近边坡的区域依然表现为随着土体的位移而移动,远离边坡区域的颗粒主要是向下的竖向位移,其水平位移远小于竖向位移,这是因为在回填中部区域,颗粒的位移主要是由自身沉降和向下的压实荷载作用下产生的,两侧受到地形和隧道的约束作用,不会产生过大的水平运动。

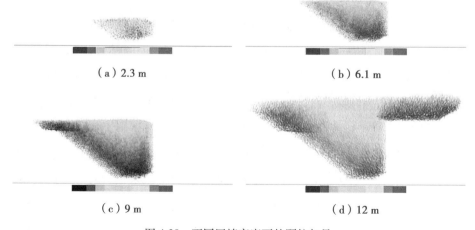

（a）2.3 m （b）6.1 m

（c）9 m （d）12 m

图 4.28 不同回填高度下的颗粒矢量

图 4.28 给出了不同回填高度下颗粒在虚填到压实后的矢量分布情况,图中蓝色表示颗粒处于静止状态,红色表示颗粒依然具有运动趋势。从图中可以看出,不同回填高度的模型运算平衡后,底部和贴近边坡区域的颗粒已经趋于静止状态,而回填土的上三角区域颗粒依然具有运动的趋势,同时在隧道左墙外的颗粒也具有一定的下落趋势,而在隧道顶部的颗粒基本上已经达到静止状态。对此进行原因分析:颗粒虚填后均处于松散状态,在经过压实后,颗粒会以更紧密的形式黏结在一起,随着时间延长而变得更加密实,速度逐渐降低,同时在其上部继续进行回填,将会再次受到颗粒重力荷载和压实荷载的作用,进一步趋于静止状态,而上部颗粒回填时间较短,经过压实后仍会因为再次回填而继续下沉,而临近边坡的颗粒受到地形限制,难以发生位移,而颗粒的本构参数与隧道结构不同,其宏观性状也与隧道结构相差巨大,导致两者之间黏结较弱,颗粒有沿隧道外墙向下滑落的趋势。因此,回填土中上部颗粒和隧道侧墙处的颗粒会有向下的矢量分布,而底部和近边坡区域的颗粒相对稳定。此外,由于隧道结构为矩形,弹性模量远大于回填土,因此隧道被回填土完全覆盖后,顶部颗粒会很快处于静止状态。

4.5.2　接触强度分析

离散元部件之间的接触是细观状态中荷载的表现形式,在离散元模型内部以结构网的形式排列,在 4.2 节中提到,Clump 粒径和形状的不规则性使每一个 Clump 与其他颗粒间的接触都具有很强的随机发散性,而 Pebble 与 Pebble 之间的接触表现为规则的蜂窝状,这是导致 SPS 回填土离散性的主要原因。为了进一步对回填过程中颗粒的状态进行分析,提取出不同回填高度下颗粒的接触状态,并以长度和直径大小表示接触强度,从细观尺度上研究回填土之间的力学关系。不同回填高度下颗粒的接触状态如图 4.29 所示。

从图 4.29 中可以看出,Clump 的存在导致接触力链排列不规则,但颗粒间的接触在整体分布上具有很强的规律性,主要表现为下部强上部弱。在回填过

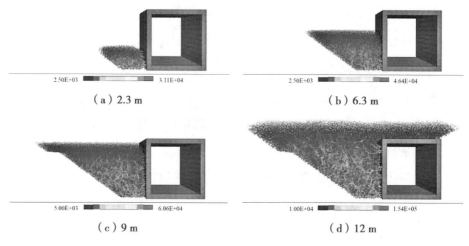

(a) 2.3 m　　　　　　　　　　(b) 6.3 m

(c) 9 m　　　　　　　　　　(d) 12 m

图 4.29　不同回填高度下的颗粒接触分布

程中,颗粒首先与地面和隧道边墙建立起强接触,而颗粒之间的接触相对较弱,随着颗粒增加并进行压实后,颗粒间的强接触明显增多,并且强接触主要集中在靠近地面和隧道的区域,而越向回填区域上部移动时,颗粒间的接触强度就越弱,这是因为下部颗粒受到地面的支撑作用,能够迅速建立颗粒间的接触强度。在竖直方向上,由于荷载作用,颗粒变得更加密实。同时,在水平方向上边坡和隧道结构提供了约束,使颗粒间的水平接触也随之加强,但随着回填高度的增加,回填土的宽度增加,导致边坡的约束效应降低。尽管颗粒受到压实作用,但其在水平方向上的黏结强度不足,导致上部颗粒接触强度偏弱。

颗粒间接触强度和颗粒与墙接触强度反映了两个部件间的相互作用力的大小,接触强度越强,说明相互作用力越强,在宏观上的力就越大。因此,颗粒接触的强弱分布能够揭示回填土压力的分布规律。可以看出,颗粒间的接触强度从下到上逐渐增大,对于隧道结构而言,左侧回填颗粒与墙体间的接触分布规律可以反映结构所受侧向土压力的大小,当回填高度较低时,侧边颗粒-墙接触沿竖向方向是均匀分布的,说明此时水平土压力是线性增加的。当回填高度超过 2—2 测线(6 m)位置后,颗粒-墙接触强度开始变得松散,这说明水平土压力的增长速率开始衰减,回填高度超过隧道结构并达到最大回填高度时,隧道顶部颗粒接触均匀分布。同时,距离隧道侧墙较远的颗粒间接触相比颗粒−墙接触更加均匀分布,这是因为在压实过程中,颗粒间由于黏结效果容易形成较强的接触,而颗粒与墙体的刚度相差较大,接触效果不良,易在回填土与隧道结构之间引起"脱空"现象。这表明在回填过程中合理选择回填土材料类型和提高回填施工标准对于确保回填质量至关重要。

4.5.3　结构受力分析

提取不同回填高度下的隧道结构最大、最小主应力分布如图 4.30、图 4.31所示。从图中可以看出,矩形隧道因右侧土体的存在而仅需要在左侧回填,导致最大和最小主应力最初主要分布在与土体相邻的隧道结构右侧。在回填过程中,其最大、最小主应力分布变化受回填高度的增加影响显著,并主要表现为受压状态。在回填初期,左墙外 SPS 回填高度较低时隧道结构最大、最小主应力位于隧道右墙中部位置,左侧顶部有明显的应力集中现象,随着回填高度的增加,最大、最小主应力开始沿隧道结构逆时针转动,右侧所受的压应力开始从中部向上下延伸,其中向上延伸的速度远大于向下的速度,左侧顶部的应力集中现象减弱,而中部所受的压应力逐渐增大,当回填高度超过 9 m 后,隧道顶部开始出现压应力,最终,最大和最小主应力基本沿隧道中线对称分布。

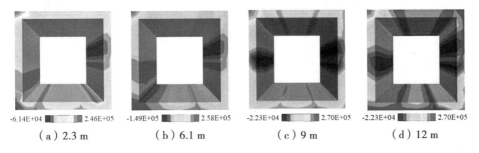

-6.14E+04　2.46E+05	-1.49E+05　2.58E+05	-2.23E+04　2.70E+05	-2.23E+04　2.70E+05
（a）2.3 m	（b）6.1 m	（c）9 m	（d）12 m

图 4.30　不同回填高度下隧道结构最大主应力

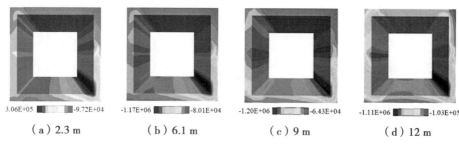

3.06E+05 ▓ -9.72E+04	-1.17E+06 ▓ -8.01E+04	-1.20E+06 ▓ -6.43E+04	-1.11E+06 ▓ -1.03E+05
（a）2.3 m	（b）6.1 m	（c）9 m	（d）12 m

图 4.31　不同回填高度下隧道结构最小主应力

4.6　拱形隧道砂卵石土回填响应分析

按照 4.3 节中的方案建立回填高度分别为 3.5,7.5,10.2,16.2 和 21.5 m 的数值模型,对拱形明挖隧道使用 SPS 回填土的填筑过程进行耦合数值计算,得到回填至稳定的结果。下文将从位移场和颗粒接触关系两个方面对其进行分析。

4.6.1　位移场分析

图 4.32 和图 4.33 分别给出了数值模型在不同回填高度下的竖向位移状态和水平位移状态,图 4.34 给出了不同回填高度下颗粒的矢量状态。

从图 4.32 中可以看出,在回填高度低于隧道高度时,回填区颗粒的竖向位移规律与 M 匝道左侧回填时相似,都呈现出 U 形位移槽,且对称分布在隧道两侧,在不同的回填高度下,土体的竖向位移均向下,向土体中的递减趋势也具有相似的规律,而向隧道一侧的发展趋势因受隧道结构的支挡和约束作用表现较弱,其底部土体下沉量要小于两侧,在地层中出现两边大中间小的趋势。当回填高度达到 3.5 m 时,最大竖向位移点处于坡脚位置,颗粒继续增加后,最大位移点沿着边坡向上移动,位移槽由 U 形向勺形转变,竖向位移槽开口也因颗粒数量的增大而扩大,说明回填土对边坡土体的影响范围逐渐扩大,因颗粒荷载产生的下沉区域由下沉中心向两侧快速扩展,外侧扩展速度要大于内侧,这是

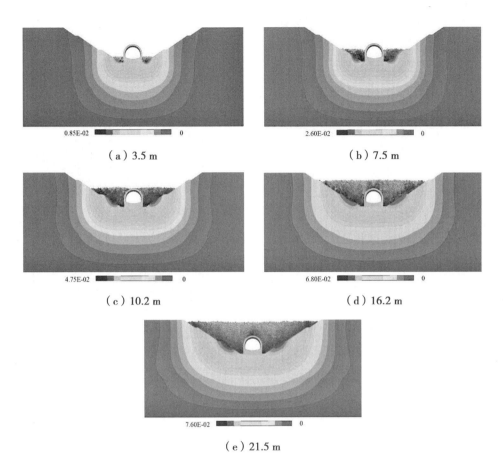

（a）3.5 m   （b）7.5 m

（c）10.2 m   （d）16.2 m

（e）21.5 m

图 4.32 不同回填高度下的竖向位移

因为内侧土体已经在先填入的颗粒和压实荷载作用下变得更密实,而外左侧土体还没受到扰动。当回填土高度增加时,外侧土体对荷载的响应更加敏感,回填高度达到隧道顶部之前土体竖向位移变化规律都与前文分析相同,此处不再赘述。当回填土高度超过隧道顶部时,土体竖向位移槽由勺形又转为 U 形,位移槽中轴线与边坡垂直;当回填高度达到 15 m 左右时,边坡竖向位移最大区域向上移动速度急剧下降,基本处于回填土的重心线上,这是因为前期回填土高度较低时,边坡土体的位移同时受到颗粒荷载和压实荷载的影响,对两者的敏感度相似,而随着回填高度的增加,颗粒荷载急剧增大,边坡土体对压实荷载的敏感度下降,同时回填土的重心相对靠向内侧,因此会出现这样的现象。

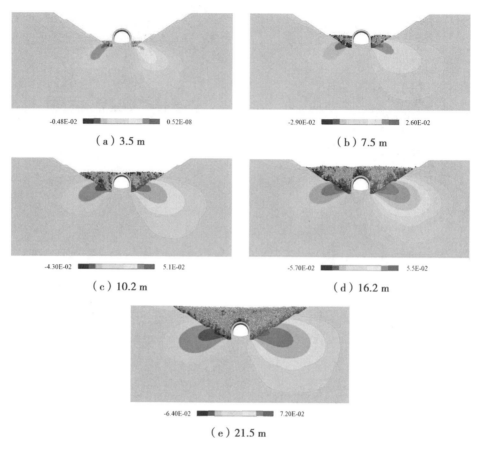

（a）3.5 m

（b）7.5 m

（c）10.2 m

（d）16.2 m

（e）21.5 m

图 4.33　不同回填高度下的水平位移

　　从图 4.33 中可以看出,在回填高度达到隧道顶部之前,边坡的水平位移发展规律与 M 匝道基本相同,表现为水滴状并以隧道中轴线对称分布,回填高度超过隧道顶部后,土体竖向、水平位移增长速率开始下降,影响范围也不会大幅度扩大。当回填高度达到 21.5 m 并计算平衡后,土体的最大竖向、水平位移分别为 7.6 cm 和 3.6 cm,L 匝道回填高度相比 M 匝道多 9.5 m,但最大竖向、水平位移分别增大了 1.4 cm 和 0.7 cm。

　　对于颗粒而言,L 匝道的回填颗粒位移规律与 M 匝道相比存在许多不同之处。在回填前期(回填高度低于隧道顶部),颗粒的竖向位移基本与边坡土体的位移相关,随着回填高度的增加,颗粒的竖向位移分层与边坡平行,同样出现了上三角排布。回填高度超过隧道顶部后,隧道顶部回填土在压实荷载和后填土的重力作用下快速下沉,随着回填高度的增加不再有较大的竖向位移,这是因为隧道结构强度远大于土体,对上覆回填土有极强的支撑力,使其不会像土体上的颗粒随着土体的位移而下沉,因此隧道两侧的颗粒下沉量要大于隧道顶部的颗粒。回填高度达到 21.5 m 后,颗粒的竖向位移槽表现为 W 形。颗粒的水平位移主要表现为颗粒因承受压力作用被挤压向两侧移动,随着回填高度的增加,贴近边坡的区域随着土体的位移而移动,远离边坡的区域颗粒水平位移要小于竖向位移。当回填高度超过隧道顶部后,两侧颗粒水平位移依然遵循前面的规律,而隧道顶部的颗粒同时受到向下的压实荷载和隧道结构提供的向上支撑力,出现向隧道两侧"滑落"的现象。这是因为隧道顶部的拱形结构,使上覆回填颗粒的支撑力从隧道轴线向两侧递减,导致颗粒受力不均匀,进而向两侧发展水平位移。

图 4.34 给出了 L 匝道回填过程中颗粒在虚填到压实后的矢量分布情况,蓝色代表颗粒趋于静止状态,红色代表颗粒仍然有运动趋势。与 M 匝道相同,不同回填高度的模型计算平衡后,底部和贴近边坡区域的颗粒逐渐趋于静止,而上部颗粒依然具有向下运动的趋势,其中隧道顶部的颗粒具有向两侧运动的趋势,这进一步说明了前文提到的隧道顶部回填土的位移趋势。

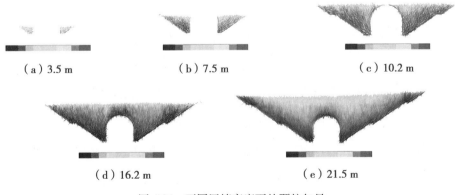

（a）3.5 m　　　　（b）7.5 m　　　　（c）10.2 m

（d）16.2 m　　　　（e）21.5 m

图 4.34　不同回填高度下的颗粒矢量

4.6.2 接触强度分析

为了进一步对回填过程中的颗粒状态进行分析,提取出不同回填高度下颗粒的接触状态,并以长度和直径大小表示接触强度,从细观尺度上研究回填土之间的力学关系。不同回填高度下颗粒的接触状态如图 4.35 所示。

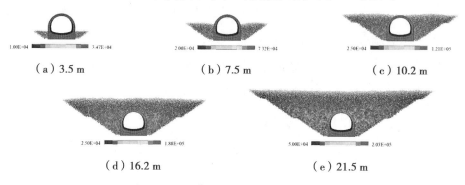

（a）3.5 m　　　　　　　　（b）7.5 m　　　　　　　　（c）10.2 m

（d）16.2 m　　　　　　　　　　　（e）21.5 m

图 4.35　不同回填高度下的颗粒接触分布

从图 4.35 中可以看出,颗粒间接触的整体分布具有较强的规律性,主要表现为下部强上部弱。在颗粒虚填后,位于边坡底部的颗粒与地面和墙体的接触逐渐增多增强。然而,颗粒间的接触普遍较弱,通过压实作用后,下部颗粒间的接触随之增大,而上部颗粒的接触要小于下部颗粒,这与矩形隧道颗粒回填后的接触分布规律相似,原因分析不再赘述。值得注意的是,L 匝道为拱形隧道,回填完成后,在隧道结构上半部分,颗粒与隧道的接触沿环向平均分布,接触强度几乎相等,这是因为受拱形结构的影响,当隧道顶部填筑时,颗粒会先沿隧道外轮廓滑落并附着在隧道上形成堆积,随着颗粒数量的增加,靠近隧道的颗粒受回填体的挤压作用和隧道结构的支撑作用,逐渐与隧道紧贴密实。

当回填高度较低时,颗粒-墙接触与侧向土压力的关系和矩形隧道具有相同的规律,此处不再赘述。不同的是,拱形明挖隧道回填高度达到结构中间位置以后,颗粒-墙接触的衰减速度明显小于矩形隧道,且沿着隧道外轮廓向拱顶位置越近,衰减速度越小,这是因为矩形隧道中颗粒-墙接触仅为水平接触,而拱形隧道斜上方的颗粒为斜向接触,不仅受到颗粒的水平挤压作用,还存在上方颗粒的重力和压实荷载作用,竖向分量增长速率要大于水平分量减小速率,沿着隧道外轮廓距离拱顶越近越明显,因此颗粒-墙接触呈现出这样的分布规律。

由以上对颗粒矢量分布发展趋势和接触力链强度规律的分析可知,在回填施工过程中,靠近边坡区域的回填土在压实后会以较快的速度达到稳定状态,然而,在回填区中部,回填土的自身支撑能力较弱,如果压实作业不标准,夯实荷载大小或压实遍数不足,容易导致回填土不能达到设计密实度。此时地基承载力也达不到设计要求,如果受到较大的外部荷载,则会引起回填土内部发生错动和滑移。这可能会导致隧道结构在土体内脱空,地面出现裂缝、塌陷等病害。因此,应严格按照施工设计方案进行回填土的压实作业,并在无法压实的区域使用辅助措施,确保密实度和承载力都达到设计标准,防止病害的发生。

4.6.3　结构受力分析

不同回填高度下的隧道结构最大、最小主应力分别如图 4.36、图 4.37 所示。从图中可以看出,拱形隧道的放坡开挖和回填均为对称进行,其最大、最小主应力表现出明显的对称分布特点,并对回填土高度的增加有较大的敏感性。在回填初期,拱形隧道最大、最小主应力主要受结构自重影响,随着回填高度的增加,最大、最小主应力从隧道结构底部向上发展,拱腰位置逐渐出现较大的压应力,当回填高度达到隧道结构顶部位置时,整个隧道结构最大、最小主应力均为压应力,且最大值出现在隧道结构中部靠下的位置,当回填高度继续增加时,最大、最小主应力位置沿隧道结构逐渐向上移动,由拱腰位置上升至拱肩,最终达到拱顶位置,在整个变化过程中,均表现为对称状态。其中当回填高度超过拱顶位置后,拱形隧道的最大、最小主应力主要分布在上部区域,且在拱肩位置出现应力集中现象,说明拱形隧道在深埋回填情况下,其不利点位于隧道上方区域,应采取相应措施加强结构承受能力或优化回填材料和施工方法以保证结构安全。

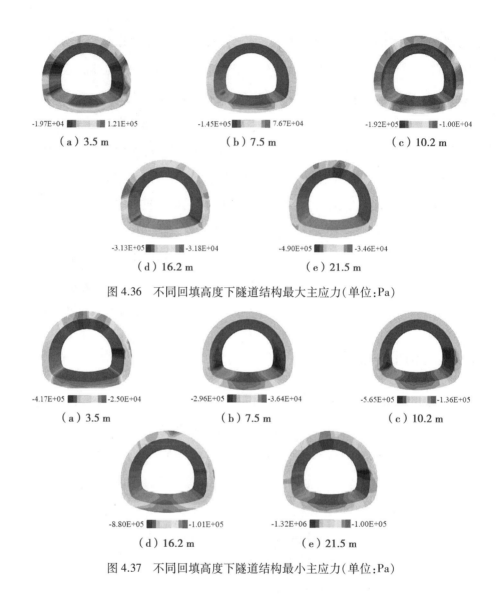

-1.97E+04 ▓▓▓▓▓ 1.21E+05   -1.45E+05 ▓▓▓▓▓ 7.67E+04   -1.92E+05 ▓▓▓▓▓ -1.00E+04

（a）3.5 m   （b）7.5 m   （c）10.2 m

-3.13E+05 ▓▓▓▓▓ -3.18E+04   -4.90E+05 ▓▓▓▓▓ -3.46E+04

（d）16.2 m   （e）21.5 m

图 4.36　不同回填高度下隧道结构最大主应力（单位：Pa）

-4.17E+05 ▓▓▓▓▓ -2.50E+04   -2.96E+05 ▓▓▓▓▓ -3.64E+04   -5.65E+05 ▓▓▓▓▓ -1.36E+05

（a）3.5 m   （b）7.5 m   （c）10.2 m

-8.80E+05 ▓▓▓▓▓ -1.01E+05   -1.32E+06 ▓▓▓▓▓ -1.00E+05

（d）16.2 m   （e）21.5 m

图 4.37　不同回填高度下隧道结构最小主应力（单位：Pa）

4.7　回填土压力分析

为了分析明挖隧道使用 SPS 回填土时土压力的分布规律，需要将现场监测数据与理论计算和数值模拟结果进行对比。

4.7.1　土压力计算方法

公路、铁路桥涵设计规范中建议采用土柱法计算回填土压力,土柱法认为隧道结构不会对回填土体的应力状态产生影响,将整体看作静力问题,位于距地面深度为 H 处的涵管顶部任一点的垂直应力是其土柱的压强,土压力的计算式为:

$$\sigma = \gamma H \tag{4.13}$$

水平方向的土压力为:

$$\sigma_x = \tan^2\left(45° - \frac{\varphi}{2}\right)\gamma H \tag{4.14}$$

式中　φ——回填土体的内摩擦角。

由此可知,土柱法认为隧道顶部的垂直压力的合力等于隧道上土体的重量,与土体性质无关。

高填方隧道受力大小与其填土高度、容重以及放坡角度、开挖宽度等多种因素有关,并随着填土高度的变化而变化,且一般不呈线性变化。因此,目前关于上覆回填土压力的计算方法有很多种,但是这些理论存在一定的假设前提,并不广泛适用于一切工程,且本工程使用了含有粗粒卵石的砂卵石土作为回填料,更不能随意使用这些理论方法,针对这些方法,仅用于参考,对比分析实际土压力大小与理论计算值的差距。

4.7.2　回填进程土压力对照分析

在 4.4 节中分别对 M 匝道和 L 匝道施工现场使用砂卵石土回填过程中,隧道结构在不同点位因回填高度增加所受土压力变化的规律进行了监测与分析,现对 M 匝道和 L 匝道的 1—1、2—2 和 3—3 土压力测线数据进行提取,得到两种断面隧道在回填过程中的土压力变化情况,将相同点位的土压力数值模拟结果与现场实测结果进行对比,如图 4.38 和图 4.39 所示。

　　从图 4.38 和图 4.39 中可以看出,数值模拟的 M 匝道和 L 匝道在不同点位的土压力随回填高度的变化规律与现场实测相似。在不同点位上,土压力随着回填高度的增加而按各自的速率增大,数值模拟结果都大于现场测得的土压力大小,这是因为数值模拟采用了连续-离散耦合的方法,回填土的模拟采用了基于 3D 扫描真实卵石形状后,在离散元软件中生成的 Clump 团体颗粒,且 Clump 颗粒与 Pebble 颗粒的粒径相差较大。指定孔隙率后,生成整体回填土模型时会产生较大的颗粒重叠现象,通过初始平衡使颗粒分散后,会生成比预想中数量要多的颗粒,这导致回填土数值模型在一定程度上表现出比实际回填土更大的容重。因此,数值模拟的土压力结果要大于现场实测值。

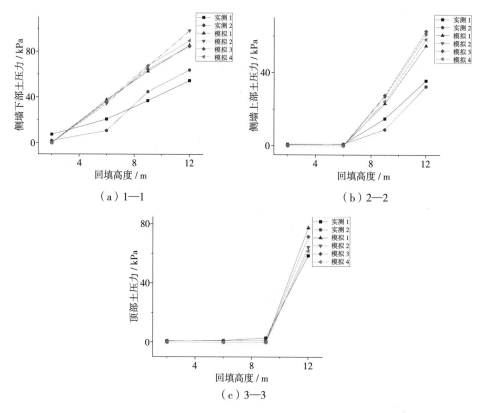

图 4.38　M 匝道土压力数值模拟与现场实测对比

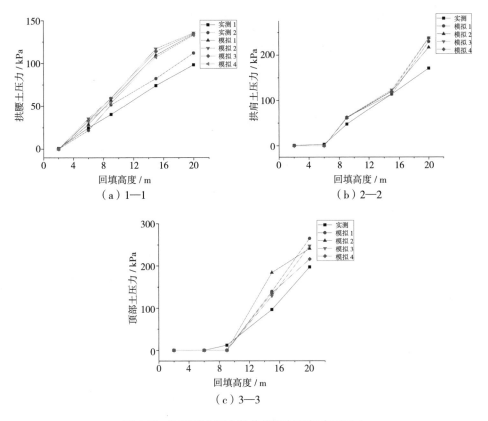

（a）1—1　　　　　　　　　（b）2—2

（c）3—3

图 4.39　L 匝道土压力数值模拟与现场实测对比

其中,少量点位的数值模拟结果出现了不规则跳动,并且多发生在拱形隧道上,这是因为 SPS 离散模型具有很大的随机性,可能会在部分位置生成较多的不规则 Clump 颗粒,这种颗粒与边墙的接触会很强,容易引起应力集中现象,如图 4.40 所示。同时,矩形隧道形状较规则,颗粒生成后不易出现此种现象,这也说明在实际工程中,在拱形隧道上部倾倒回填土时,土石颗粒会沿隧道外轮廓向下滚落,粒径较大的颗粒滚落速度较快,首先堆积在隧道结构旁,对隧道结构造成较大的点荷载。因此,回填土的颗粒级配要严格控制。

考虑施工过程中的临时不确定荷载和监测时机与回填高度误差等因素,可以认为数值模拟结果与现场实测具有较大的吻合度,说明使用连续-离散耦合数值分析方法对明挖隧道回填响应进行研究是合理可靠的。

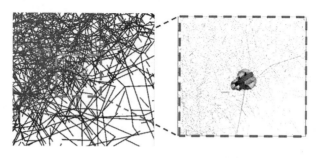

图 4.40 Clump 颗粒与墙体的强接触现象

4.7.3 相对高度土压力分析

为了进一步分析使用 SPS 回填土的明挖隧道在不同高度的土压力分布规律,将工程实测、数值模拟和理论计算的土压力大小进行对比分析,设定土压力盒安装位置相对地板高度为 h_1,回填高度为 h_2,则相对回填高度 $H=h_2-h_1$,将 M 匝道和 L 匝道所有土压力盒安装的相对高度 H 和土压力形式进行汇总,SPS 内摩擦角和相关文献取水平侧压力系数和拱肩侧压力系数见表 4.8。按照表 4.8 中的土压力形式和相对高度将土压力重新分配,分别得到不同回填高度下的水平土压力、竖向土压力和 L 匝道拱肩上压力,如图 4.41 所示。

表 4.8 相对回填高度汇总

土压力形式	回填相对高度 H/m					侧压力系数
竖向土压力	3	6	11			1
M 匝道水平土压力	3	4	6	7	10	0.337
L 匝道水平土压力	4	7	13	18		0.337
拱肩土压力	3	6	11			0.860

从图 4.41 中可以看出,明挖隧道使用 SPS 进行回填时,不论是隧道结构、监测点位还是回填高度的变化,数值模拟结果与理论计算值都具有相同的增长规律,都随着回填高度的增加而线性增大,其中数值模拟的土压力稍大于理论计算值。导致这种现象的原因一部分是颗粒生成后的初始状态存在较大重叠,会

引起颗粒的相对容重大于实际的砂卵石土容重;另一部分是离散元颗粒在填筑后需要先进行初平衡计算,在这个过程中会对耦合墙体施加一部分应力,平衡结束后这些应力会传递到实体单元上,从而造成数值模拟结果要大于理论计算的土压力。而现场实测土压力和前两者相比具有一定差异,并且土压力大小在回填高度增加时并不会完全呈线性增长,而是存在一定的衰减现象,在回填高度较低时,与计算值相差较小,近似表现出一定的线性增长,随着回填高度的增加,现场实测土压力的增长速率逐渐降低,与理论计算的差值相差更大,其中隧道顶部的竖向土压力和拱形隧道拱肩土压力尤为明显。

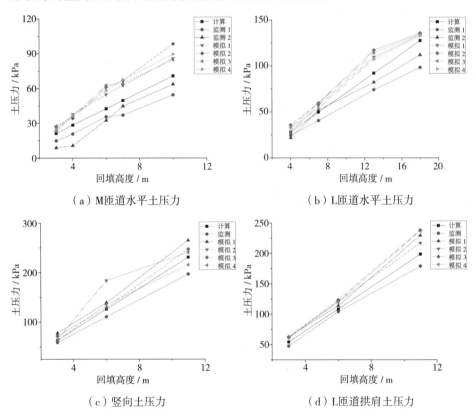

图 4.41　相对回填高度土压力

为了能更好地量化数值模拟、理论计算和现场实测数据间的变化差异,计算回填过程中各个点位和方向上的土压力随回填高度变化的曲线斜率,以此代表土压力增长比率,计算结果见表 4.9—表 4.12。

表 4.9 M 匝道水平土压力

回填高度/m	土压力增长比							
	计算	监测 1	监测 2	模拟 1	模拟 2	模拟 3	模拟 4	平均
3—4	7.08	5.87	1.84	14.63	7.43	8.44	12.37	8.08
4—6	7.08	7.41	10.84	8.55	13.40	13.37	10.82	11.54
6—7	7.08	1.37	12.27	7.76	5.67	1.58	9.26	6.82
7—10	7.08	5.85	6.36	7.74	10.52	6.77	7.35	7.85

表 4.10 L 匝道水平土压力

回填高度/m	土压力增长比							
	计算	监测 1	监测 2	模拟 1	模拟 2	模拟 3	模拟 4	平均
4—7	7.08	5.21	9.98	9.47	7.99	8.69	7.18	9.03
7—13	7.08	5.62	5.08	8.75	9.58	9.12	8.88	8.13
13—18	7.08	4.83	5.95	4.86	3.72	4.18	5.11	4.68

表 4.11 竖向土压力

回填高度/m	土压力增长比						
	计算	监测 1	模拟 1	模拟 2	模拟 3	模拟 4	平均
3—4	21.00	17.26	20.54	39.77	19.04	24.49	25.96
4—6	21.00	17.30	25.16	11.39	23.70	16.05	19.07

表 4.12 拱肩土压力

回填高度/m	土压力增长比						
	计算	监测 1	模拟 1	模拟 2	模拟 3	模拟 4	平均
3—4	18.06	18.80	17.14	19.61	20.30	19.64	19.17
4—6	18.06	14.99	23.15	19.27	23.00	23.39	22.20

从表 4.9 和表 4.10 中可以看出,在不同回填高度下,水平土压力的监测值

增长比率波动较大,其中出现了 1.84、12.27 等极端值,这表示在单位回填高度下,土压力值基本不发生变化或急速增长。这是因为在现场实测过程中,对回填高度的记录是按照施工台账对应的,而施工现场存在回填顺序、其他施工扰动等多种不确定因素,且现场回填土高度增长并不是严格地在竖直方向上规则增大,导致在该监测日期回填高度下的土压力值记录并不准确,正确的土压力值可能会出现在本次记录值与下一次记录值之间,但是从总体上看,L 匝道和 M 匝道水平土压力增长率都是在计算值上波动,且回填后期的水平土压力增长率都小于回填前期的增长率。

其中,在相对回填高度达到 10 m 时,M 匝道实测的水平土压力平均增长率较计算值降低了 13.8%;相对回填高度达到 18 m 时,L 匝道实测的水平土压力平均增长率较计算值降低了 23.87%;相对回填高度达到 11 m 时,L 匝道实测的竖向土压力和拱肩土压力增长率较计算值分别降低了 17.6% 和 25.8%。可以看出,在回填过程中,水平土压力增长率的衰减速度要小于竖向土压力增长率的衰减速度,这可能是因为隧道结构对上覆回填土具有支撑作用,在回填土散铺虚填,使用压路机进行压实作业的过程中,隧道两侧的回填土达到设计压实度后下沉量要大于隧道顶部回填土的下沉量,在前文数值模型的位移场分析中也提到了这种现象,当回填高度较高时,隧道两侧土柱相对顶部土柱会产生相对错动而引起一定的滑动摩擦力,这个摩擦力对隧道顶部土体产生向上的支撑力,从而使土体对隧道顶部的土压力减小,随着回填高度的增加,支撑力就越大。因此,隧道顶部的竖向土压力增长率的衰减速度要大于隧道两侧水平土压力的衰减速度。另外,拱形隧道的拱肩受到的土压力中竖向分量要大于水平分量,其衰减速度也较水平土压力大。

4.8   施工工艺原理

4.8.1   材料要求

砂卵石中卵石强度不得低于 20 MPa,卵石粒径中砂卵石回填在路床顶面以下 0.8 m 范围内粒径不得大于 100 mm;0.8~1.5 m 及大于 1.5 m 范围内粒径不得大于 150 mm,含泥量不应大于 5%,砂卵石中卵石含量占全重的 30%~50%;砂按《建设用砂》(GB/T 14684—2022)的相关要求,本次回填砂为自然形成的,经人工开采或筛分的粒径小于 4.75 mm 的岩石颗粒,包括河沙、湖砂和山砂,但不包括软质、风化的岩石颗粒。

4.8.2   填筑工艺

填筑工艺是指在工程建设中,通过机械或人工将土石材料逐层填入指定区域并压实的过程。其流程包括测量放样、材料选择与运输、分层填筑、逐层压实和质量检验等(图 4.42)。首先,进行场地清理和平整,确保基础稳定。其次,根据设计要求选择合适的填筑材料,并通过运输设备将其运送至施工现场。在填筑过程中,按规定的层厚分层填筑,每层填筑后需进行压实,确保密实度达到设计标准。最后,对填筑体进行质量检验,确保其满足工程要求。填筑工艺的作用是通过分层填筑和压实,构建稳定的基础和结构,增强工程的承载能力和抗变形能力,确保工程质量和安全。

1)压实及厚度要求

①砂卵石运至现场后立即进行土质试验,检验砂卵石的质量,有无杂物,粒径是否符合要求,并对砂卵石的含水量进行测量,比较含水率是否在最优含水率范围内。

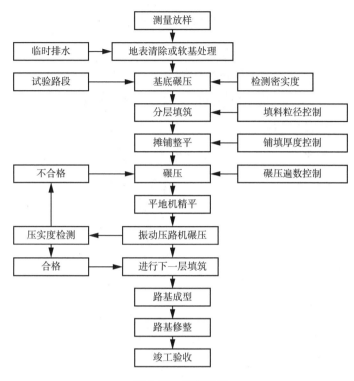

图 4.42　填筑工艺

②提前委托实验室做好土工试验准备(干密度、含水率、压实度等)。

③砂卵石进场后在铺筑前,应做试验段。试验段确定项目如下:

a.机械设备组合;

b.压路机碾压行走速度、碾压方式和压实遍数;

c.填料的颗粒级配、最佳含水率及控制;

d.砂卵石松铺、压实厚度;

e.各项压实指标采用的检测方法;

f.每日填筑工程量及备料情况的确定。

2)回填准备工作

(1)砂卵石材料进场验收要求

砂卵料进场质量控制:

①覆盖层及树根、杂物的清理情况。

②砂卵料含泥量,有无泥土夹层或杂土块等。

③砂卵料中粒径不大于60 mm的砂石是否过于集中,一般应控制在30%以内。在现场主要以"目测法"为主,可取具有代表性的试样进行室内试验。

(2)回填工作面处理要求

回填表面应平整、坚实,无松散物和无软弱地点,对不满足设计及规范的回填面,应采取补充碾压、换填好材料、挖开晾晒等方法,直到满足要求为止,并经监理工程师验收签字后,才能继续进行下一步施工。

3)施工放样

在施工工作面上重新测量后并确定中线,在中线上每隔15~20 m设一桩,同时在两侧路肩边缘外设定指示桩。进行水平测量,并在两侧的指示桩上用明显标记标出砂卵石回填的边缘,同时标出设计高程。

4)运输及摊铺

砂卵石混合料搅拌均匀后,应立即运到施工现场。当运输距离较长时,应将其覆盖,以免水分过度蒸发。砂卵石的摊铺是由摊铺机完成的。在摊铺机后方设置专门的人员来清除粗细骨料的离析,尤其是对局部的粗骨料要进行铲除,并用新的混合料进行填充。

5)整形及碾压

①当结构达到设计强度后,方可铺筑砂卵石和碾压。严禁在强度未达到要求的段落进行砂卵石铺筑和振动碾压。

②碾压施工采取措施。

对于L匝道顶部及两侧(三角区域除外),大型碾压设备能进行碾压的部位,采用重型机械进行摊铺碾压,每层虚铺厚度不大于50 cm。

在混合料搅拌均匀之后,利用人工辅助机械进行摊铺。混合料摊铺成型后,用振动压路机或者三轮压路机对其进行初压,然后采用现场快速法对其含水率进行测试,当其接近最优含水量±1%时,即可进行碾压。

　　碾压采用摊铺一段,碾压密实一段。碾压时,应遵循先轻后重、先慢后快、从两侧到中间、从低到高的顺序。采用压路机稳定碾压后,要对标高进行检查,如发现高低不齐,要将高处铲平,在较低的地方回填,在填平处要翻开重新搅拌,或者用新的混合物进行填筑,使其达到质量要求。禁止贴薄层找平。在碾压过程中,配合人员跟班作业,碾压轮横向错半轮。当完成要求的遍数(超过15 t的振动压路机,将两侧碾压后,两侧没有显著的高差),再由测试员对压实度进行测试,如果不符合要求,则再进行碾压,直至通过。所有的碾压作业将在2~3 h内进行。在碾压时,必须满幅碾压,不能有遗漏,各部位碾压遍数要一致,路幅两边的碾压遍数也要相应地增多。切勿在已成型或被碾压的路段上调头或紧急刹车,以免损坏成品。为避免纵向压实,在每个施工段端头4~5 m处,沿横坡采用从低到高的水平方向进行碾压。端头时,会造成料头向内倾斜,从而产生裂缝或松脱。

　　对于放坡开挖3 m以内的三角区域、隧道结构间三角区域、桩基外1 m范围内、结构边角及薄弱处(如隧道结构外1.5 m范围内)等无法采用大型碾压设备的部位,采用小型夯实机具进行夯实碾压。

　　采用人工回填的方法,回填时采用小型夯实机具(柴油蛙式打夯机)分层夯实,每层虚铺厚度在30 cm以内,每层铺摊完后随之耙平。在回填过程中,每层最少要夯实3次,打夯应一夯压半夯,夯夯相接,沿三角区域的长度方向进行。在不同标高进行夯实时,应先夯下部,若无法一次完成,可按1:2的坡度角斜向分层,上下层错缝不得小于1 m。

　　③过渡区域处置。

　　a.靠近边坡侧的填筑按填筑规范要求挖台阶,台阶宽度不小于1 m,采用小型夯实机进行夯实,台阶顶做2%的内倾斜坡,且台阶保持无水。

　　b.路基土与砂卵石结合区域设置过渡段填筑,过渡段长度约2 m,图4.43展示了如何处理砂卵石与路基土回填交界区域的施工细节。图4.44为砂卵石回填现场示意图。

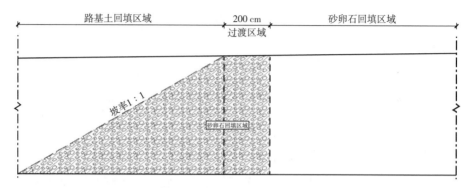

图 4.43　砂卵石与路基土回填交界区域处理大样

图 4.44　砂卵石回填现场

4.8.3　主要施工设备

回填施工采用的主要设备见表 4.13。

表 4.13　机械设备表

序号	名称	型号	单位	数量
1	装载机	50 型	辆	1
2	挖掘机	XD335	辆	2
3	自卸汽车	20 t	辆	6
4	压路机	20 t	辆	2

4.8.4　施工效果及评价

每层碾压完成后,由实验员进行取样试验,每 100 m² 取样一个点,进行烘干、称量试验。路床顶面以下 0.8 m 范围内压实度不得小于 0.95,每层填筑厚度不得大于 0.4 m;0.8~1.5 m 范围内压实度不得小于 0.93,每层填筑厚度不得大于 0.4 m;大于 1.5 m 的压实度不得小于 0.92,每层填筑厚度不得大于 0.5 m;对于隧道底部为原状土体段的,要求施工单位回填前对原状土体进行碾压,保证原状土体压实度≥0.92;各分层压实度及承载力不小于 200 kPa。每层试验合格,铺摊碾压达到设计标高要求,进行表面找平验收。

在回填高度较低时,土体竖向位移发展规律整体表现为"U 形"槽,其中轴线垂直于地面,在近隧道一侧受结构约束发展较慢,随着回填高度增加,中轴线逐渐向隧道方向旋转,并沿边坡向上移动,且基本指向回填土重心位置;土体水平位移一开始就在坡脚向边坡内部发展,呈现"水滴"状,同样随着回填高度增加与地面夹角变小,最大位移点沿边坡向上移动。回填高度超过边坡中段位置后,土体竖向、水平位移增长速率开始下降,这是因为在回填过程中,边坡土体在反复施加的主动土压力作用下一定程度上被再次夯实,较回填前更稳定,因此随着回填的进行,不易产生较大的位移。采用砂卵石回填在极大程度上保障了隧道结构与施工质量,减少沉降对隧道结构及地面车行道的影响,使隧道受力更加均匀,从而降低了回填施工和后期运营的风险。图 4.45 为现场密实度测试实验。

图 4.45　现场密实度测验

第5章 深厚回填区地下立交泡沫轻质土回填材料及施工方法

　　泡沫轻质土也叫作泡沫混凝土,由水泥作为基底材料,将发泡剂与水按照一定浓度配比制成泡沫群,与水泥、水及用于调整性能的材料按照相应的配比经搅拌混合、浇筑成型、养护最终形成具有气泡孔结构的多孔质轻混凝土。由于其具有质量小、强度高、渗透性低、耐久性强等特点,在采空区填充、软基处理、路基加宽、基坑及管线回填等工程中广泛应用。由于泡沫轻质土具有较高的流动性,在施工时可用泥浆泵等,最大运输距离可达 1.5 km,施工方便,不需要采取其他施工措施,可直接进入比较狭小的空间内,且免碾压、免振捣,具有自立性,使墙背所受的侧向土压力特别小,灵活地适合各种条件的施工作业。泡沫轻质土的以上优点,使它在隧道回填应用中具有非常广阔的前景。本章中,工程泡沫轻质土回填范围共计 2 处,分别为 H 匝道顶以上与左右线相交处(填筑范围为路基 3 m 以下),以及 5 号桩板墙挖方段墙背回填。

5.1　泡沫轻质土的配比优选

5.1.1　试验主要技术指标

　　根据设计和技术规程要求,主要技术指标如下:

①设计抗压强度:7 d 抗压强度≥0.5 MPa,28 d 抗压强度≥1.0 MPa。

②流值:170~190 mm。

③泡沫密度:48~52 kg/m³。

④标准气泡柱静置 1 h 的泌水量不应大于 25 mL。

⑤标准气泡柱静置 1 h 的沉降距不应大于 5 mm。

⑥湿密度:550~700 kg/m³。

⑦标准沉陷距:≤5 mm。

⑧发泡剂稀释倍数:50 倍。

⑨试配抗压强度应大于设计抗压强度的 1.05 倍。

5.1.2　配合比设计

参照规范《气泡混合轻质土填筑工程技术规程》(CJJ/T 177—2012),根据容重与泡沫轻质土强度的关系,确定容重等级为 W6 并对泡沫轻质土进行配合比设计,在试配阶段设计 3 组配合比,见表 5.1,容重等级见表 5.2,容重等级与强度等级参考对照见表 5.3。

表 5.1　泡沫轻质土配合比试配表

编号	水胶比	水泥/kg	水/kg	气泡率/%
1	0.65	440	286	57.2
2	0.65	450	292.5	56.2
3	0.65	460	299	55.2

表 5.2　容重等级

容重等级	标准值	湿容重 $\gamma/(\mathrm{kN \cdot m^{-3}})$	
		允许偏差范围	
W3	3.0	$2.5 < \gamma \leqslant 3.5$	
W4	4.0	$3.5 < \gamma \leqslant 4.5$	

续表

容重等级	标准值	湿容重 γ/($kN \cdot m^{-3}$)
		允许偏差范围
W5	5.0	$4.5 < \gamma \leqslant 5.5$
W6	6.0	$5.5 < \gamma \leqslant 6.5$
W7	7.0	$6.5 < \gamma \leqslant 7.5$
W8	8.0	$7.5 < \gamma \leqslant 8.5$
W9	9.0	$8.5 < \gamma \leqslant 9.5$
W10	10.0	$9.5 < \gamma \leqslant 10.5$
W11	11.0	$10.5 < \gamma \leqslant 11.5$
W12	12.0	$11.5 < \gamma \leqslant 12.5$

表 5.3 容重等级与强度等级参考对照表

容重等级	湿容重 γ/($kN \cdot m^{-3}$)	参考对应强度等级
W3	3.0	CF0.3~CF0.5
W4	4.0	CF0.5~CF0.7
W5	5.0	CF0.6~CF0.8
W6	6.0	CF0.8~CF1.5
W7	7.0	CF1.2~CF4.0
W8	8.0	CF1.5~CF6.0
W9	9.0	CF1.5~CF8.0
W10	10.0	CF1.5~CF9.0
W11	11.0	CF1.5~CF12.0
W12	12.0	CF1.5~CF14.0
W13	13.0	CF1.5~CF16.0
W14	14.0	CF1.5~CF20.0
W15	15.0	CF1.5~CF25.0

5.1.3　试验检测

1) 气泡群密度试验

①将电子秤放置在水平桌面上。

②将量杯平放在电子秤上,并称取其量杯质量。

③按规范的试验步骤制取气泡群,并称取量杯加气泡群质量。

④气泡群密度 ρ_f 按式(5.1)计算。

$$\rho_f = \frac{m_1 - m_0}{v_0} \tag{5.1}$$

式中　m_1——量杯与气泡总质量;

$\quad\quad m_0$——量杯质量;

$\quad\quad v_0$——气泡体积。

2) 沉降距和泌水量试验

①按泡沫制备试验步骤制取气泡群,并应将装满气泡群的量杯平放在水平桌面上。

②将方纸片平放在标准气泡柱的表面中央,并静置 1 h。

③应将钢直尺平放在量杯的杯口中间。

④应采用深度游标卡尺量测钢直尺下沿至方纸片的垂直距离,即为标准气泡柱静置 1 h 的沉降距(mm)。

⑤应将量杯中分泌的水倒入量筒中,测得其水的体积,即为标准气泡柱静置 1 h 的泌水量(mL)。

⑥清洗并擦干仪器设备,并重复①~⑤的试验步骤 2 次。

⑦取 3 次沉降距试验的算术平均值作为标准气泡柱静置 1 h 的沉降距。

⑧取 3 次泌水量试验的算术平均值作为标准气泡柱静置 1 h 的泌水量。

⑨标准气泡柱的沉降距及泌水量试验应在每次取样后 70 min 内完成。

如图 5.1 和图 5.2 所示,1 h 后的沉降距为 3 mm,1 h 泌水量为 8.8 mL,满足规范要求。

（a）静置前泡沫体积　　　（b）静置1 h后沉降变化

图 5.1　气泡柱沉降距离测量图

图 5.2　静置 1 h 泌水量测量图

3)湿容重试验

①用水彩笔分别在量杯杯身外侧标明"量杯 1"和"量杯 2"。

②准备好电子秤,并将其水平放置。

③将量杯 1 平放在电子秤上,并称取量杯 1 的质量。

④用量杯 2 接取试样,并将试样慢慢倒入量杯 1 中。

⑤当试样装满量杯 1 时,应用平口刀轻敲量杯 1 外壁,并使试样充满整个量杯 1 中。

⑥用平口刀慢慢地沿量杯 1 端口平面刮平试样。

⑦将装满试样的量杯 1 平放在电子秤上,并测得试样加量杯 1 的质量,如图 5.3 所示。

图 5.3　称量 1 L 泡沫轻质土质量

⑧湿容重 γ 按式(5.2)计算。

$$\gamma = 10 \times \frac{m_1 - m_0}{v_0} \tag{5.2}$$

式中　m_1——轻质土与烧杯总质量;

　　　m_0——烧杯质量;

　　　v_0——轻质土体积。

根据所测数据,得到 3 组配合比的湿容重分别为 5.65 kN/m^3,5.8 kN/m^3,5.97 kN/m^3,满足 W6 湿容重的要求。

4)泡沫轻质土抗压强度

①检查每块试件外观,试件表面必须平整,不得有裂缝或明显缺陷,如图5.4 所示。

②测量每块试件的尺寸,并计算试件的承压面积。

③取 1 块试件放在万能试验机(图 5.5)下压板的中心位置,试件承压面应与成形的顶面垂直。

④开动万能试验机,当上压板与试件接近时,应确保试件接触均衡。

⑤以 2 kN∕s 的速度连续均匀地加荷,直至试件被破坏,并记录破坏荷载。

⑥重复①~⑤的试验步骤,并测定记录试件的承压面积和破坏荷载。

图 5.4　试件表面图　　　　　图 5.5　万能试验机图

试件浇筑完成脱模后,用塑料膜包裹,在温度为(20±2)℃下养护28 d,根据实验测得泡沫轻质土7 d、28 d抗压强度,见表5.4。

表 5.4　试件抗压强度

编号	7 d 抗压强度∕ MPa		28 d 抗压强度∕MPa	
	0.363		0.769	
1	0.394	0.380	0.839	0.837
	0.385		0.904	
	0.773		0.932	
2	0.726	0.717	0.977	0.973
	0.653		1.012	
	0.823		1.217	
3	0.725	0.745	1.397	1.369
	0.686		1.494	

根据试验检测和测得的抗压强度,选第 3 组配比为设计配比。

5.2　泡沫轻质土回填施工工艺

5.2.1　工艺原理

1)软基沉降变形的本质

软基沉降变形的本质可用有效应力原理加以说明:在附加应力作用下,超孔隙水压力不断消散、有效应力不断增长;与此同时,随着超孔隙压力的消散,软土中的自由水不断排出。因此,其体积压缩,表现为沉降的发生。在这个过程中,对工程起决定作用的主要是以下 3 个方面:

(1)附加应力

附加应力的大小决定了软土层最终总沉降量的大小,当附加应力全部转化为有效应力时,总沉降完成,故附加应力越大,总沉降越大。

(2)固结度

固结度 U_t 可按式(5.3)计算:

$$U_t = \frac{S_t}{S_\infty} = \frac{\sigma^t}{\sigma} \tag{5.3}$$

式中　S_t——当前 t 时刻已完成沉降;

　　　S_∞——最终总沉降;

　　　σ^t——软土层有效应力;

　　　σ——软土层附加应力。

固结度的意义在于表示了当前时刻已完成沉降占总沉降的比例。

(3)工后沉降

设工后沉降基准期末的固结度为 U_1,施工期末的固结度为 U_2,工后沉降为 ΔS,则工后沉降可按式(5.4)计算:

$$\Delta S = (U_1 - U_2) \cdot S_\infty \tag{5.4}$$

工后沉降通常是软基路段重点控制的指标:从设计到施工,软基路段的一个重要任务就是尽可能地降低工后沉降,以确保工后的正常使用,并减少工后维修费用。

2)控制工后沉降的途径

(1)通过提高 S_t 来提高竣工时的固结度 U_2,以此控制工后沉降

具体的实现方法为排水预压法,即通过设置竖向排水体如袋装砂井或塑料排水板,通过堆载预压或真空预压的方式来加快软土层的固结速率,使竣工时的固结度达到足够大,从而确保工后沉降满足要求。该方法的主要特点是具有较好的经济性,但缺点是需要足够的预压时间,很多时候与工期要求相矛盾。

(2)降低软土层的附加应力∞以降低总沉降 S_∞,以此控制工后沉降

实现方法有桩式复合地基法和轻路堤法两种方式。

桩式复合地基是设置一定密度的搅拌桩、CFG 桩或预应力管桩等远较软土层强度高的桩体,将上覆荷载大部分转移至这些桩体来承受,从而降低软土层所承受的荷载和附加应力,实现控制工后沉降的方法。该方法的特点是时间短,效果显著,但缺点是造价偏高,同时桩体施工会产生侧向挤出效应,对周边的临近结构物带来不利影响。

轻路堤法直接降低路堤荷载和软土层的附加应力。传统的轻路堤法有粉煤灰路堤、EPS 路堤等。泡沫轻质土用于路桥过渡段填筑,属于轻路堤法,其控制工后沉降的原理在于降低附加应力;当用于旧路改造项目时,如填筑厚度适当向原地面以下延伸,可使软土层的附加应力小于有效应力,软土层处于超固结状态,从而确保工后沉降为 0。

5.2.2 施工工艺流程及操作要点

1)泡沫轻质土的生产工艺及施工工艺流程

泡沫轻质土的生产工艺及施工工艺流程如图 5.6 和图 5.7 所示。

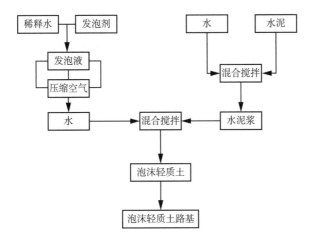

图 5.6　泡沫轻质土的生产工艺

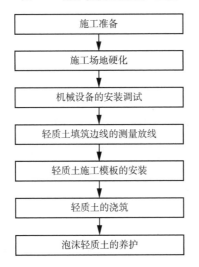

图 5.7　泡沫轻质土的施工工艺

2)施工操作要点

(1)划分施工范围

在施工准备阶段,根据施工要求和施工水平,将建筑层和浇筑区进行分区,并对浇筑施工进行计划。

①配合比试配试验应在原材料检验合格的基础上进行。

②原材料检验合格后应进行消泡试验,当消泡试验所确定的湿密度增加率

和标准沉陷距离满足要求时,方可进行抗压强度试验。

③抗压强度试验采用 10 cm×10 cm×10 cm 的立方体试块。抗压强度试验方法同普通混凝土强度试验方法,但要求压力机采用小量程砂浆压力机进行抗压试验,且强度结果不做尺寸折减。

④施工配合比强度试验以 6 块试块为一组,测定填筑部位 7 d 龄期强度。当 7 d 龄期抗压强度≥0.5 倍设计强度时,该配合比可作为施工配合比采用。经试验,选用的配合比为每方轻质土的水泥∶水=330∶225,轻质土发泡率为 66.8%。

(2)开挖路基

结合项目现场设计图纸的指示,对路基进行开挖。

(3)清理基底

清除建筑区基底的杂物,保证基础不会出现松散、有积水的情况,对基底土层进行碾压,使其压实度满足标准。

(4)安装临时模板

按照施工计划,在现场搭设临时模板,由于泡沫轻质土具有良好的流动性,必须严格保证临时模板安装严密,防止出现渗漏等情况。

(5)制备泡沫

对发泡剂进行稀释处理,然后将压缩空气加入发泡机中进行泡沫制作。在制作泡沫前,务必确保发泡剂按照一定的比例稀释,如图5.8所示。

(6)制备水泥浆

搅拌站应集中供给水泥浆,并以流量计量。泡沫轻质土对水泥的强度没有太高的要求,但在使用前应先进行消泡试验,以保证其干密度增长速度满足规范,如图 5.9 所示。水泥浆应连续制备,在轻质土浇筑过程中,要防止混凝土的局部初凝和消泡等情况,从而影响

图 5.8　制备发泡液

工程质量。在工地上还需对水泥浆进行更多的搅拌,这样才能达到无沉淀、均匀的条件。在卸料口的地方要设置过滤网,防止大颗粒物料的堵塞。在实施过程中,必须对每车水泥浆的浓度进行测试,以保证水泥浆的质量和稳定性。

图 5.9　现场制作轻质土　　　　图 5.10　混合水泥砂浆和发泡液

(7)生成泡沫轻质土

通过混合水泥浆与气泡加压生成泡沫轻质土,如图 5.10 所示,施工时,在机器启动的过程中,需科学调整其生产参数,从而使轻质土的流量和湿密度均符合规范要求。

(8)浇筑前场地验收

①泡沫轻质土在浇筑施工前,基底不应有明显积水。

②如设计有垫层,垫层施工应满足设计和规范要求。

③浇筑区平面尺寸应不小于设计值,基底高程和设计值的偏差不应超过 ±0.1 m。

④浇筑施工前,应以浇筑区为单位进行浇筑场地验收。

现场浇筑前,基地清洗如图 5.11 所示。

图 5.11　浇筑前基底准备

（9）进行泡沫轻质土的浇筑

对泡沫轻质土进行浇筑时，注意单次浇筑的厚度要在规定范围内，并掌握好浇筑时间。在浇筑时，要保证各部分模板的稳固性，并做好各部分的密封工作，如图 5.12 所示。单个浇筑层及区间的浇筑，都要严格控制在水泥浆的初凝时间内，并按照由下而上的原则进行施工。在浇筑作业时，作业人员应严格遵守规范规定。

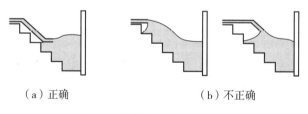

（a）正确　　　　　　　　　　（b）不正确

图 5.12　浇筑泡沫轻质土的方式

（10）成品保护

做好泡沫轻质土表面的遮雨处理，并在混凝土强度达到标准前，严禁车辆通过。采用塑料薄膜对泡沫轻质土的表面进行保湿养护。此外，在进行路面构造层施工时，要保证最后一层的强度满足要求，同时施工时要避免使用大型机械进行直接碾压。

5.2.3 材料要求

（1）水泥

水泥是制作气泡混合轻质土的主要原材料。在实际工程中,普遍使用的是通用硅酸盐水泥。对于快速硬化或其他要求的水泥,可选择快硬型或特种水泥。通常推荐使用 42.5 级或更高等级的水泥,当使用 32.5 级水泥时,则需先做配合比试验。

（2）水

水包括拌和用水、稀释用水。水的选用一般以不影响气泡混合轻质土的强度和耐久性为原则,可采用饮用水、自来水、河水、湖泊水和鱼塘水,不宜采用油污水、海水、含泥量大的水。

（3）发泡剂

发泡剂是制作气泡混合轻质土的关键材料,其种类和质量与泡沫掺混轻质土的性能密切相关。目前,市场上的发泡剂主要有界面活性系列、蛋白质系列及树脂肥皂系列 3 种,前两种应用得较多。其中,表面活性剂类发泡剂效果较好。不同厂家的发泡剂品质有很大的不同,其稀释倍率和发泡倍率也有很大的不同,这也是造成微孔类轻质材料质量差异的主要原因。质量好的发泡剂经稀释发泡产生的气泡群具有液膜坚韧、细微均匀、互不连通等特性,在浆体挤压作用下不易破灭或过度变形,确保轻质土不发生离析分层。沉降距是测量空气中静止 1 h 的标准空泡群下沉距离,而泌水量则是测量标准气泡群在空气中静止 1 h 后分泌的水量。将发泡剂放置 1 h 后,其泌水率不超过 25 mL,沉淀间距不超过 5 mm,即可达到使用要求。

（4）添加材料

添加材料包括细集料、掺合料、外加剂等,其粒径不宜大于 4.75 mm。

5.2.4 施工设备配置要求

泡沫轻质土的现场制作、输送与浇筑均采用专用的施工设备,且满足以下要求:

①电控系统具有发泡剂、发泡液、压缩空气、泡沫、水泥浆、泡沫轻质土流量实时数显功能,且应集中显示在触摸屏或平板电脑上。

②泡沫制备、水泥浆输送、泡沫轻质土制备与输送的产能应满足表 5.5 中的要求。

表 5.5 设备产能

项目	产能/(m³·h⁻¹)	备注
泡沫设备	≥60	单套发泡装置产能
水泥浆输送	≥30	单台水泥浆输送泵产能
泡沫轻质土制备与输送	≥90	单台轻质土输送设备产能

③电控系统应具有泡沫密度、水泥浆湿密度和泡沫轻质土湿密度实时数显功能,且应集中显示在触摸屏或平板电脑上,其允许误差应满足表 5.6 中的要求。

表 5.6 密度实时允许误差

项目	允许误差/%
泡沫密度	±5
水泥浆湿密度	±2
泡沫轻质土湿密度	±3

④发泡装置应具有发泡剂自动稀释功能。

⑤水泥浆输送泵必须为定流量泵。

⑥严禁采用泡沫混凝土或发泡水泥设备替代泡沫轻质土专用设备进行施工。

⑦水泥浆的制作应采用专业拌和站,严禁使用小型搅拌机。

⑧现浇泡沫轻质土施工设备进场后,按《现浇泡沫轻质土路基设计施工技术规程》(TJG F1001—2011)的要求对设备功能进行逐项检查,报监理验收后方能展开施工。

现场泡沫轻质土制备装置如图 5.13 所示。

（a）发泡装置　　　　　　　（b）水泥浆制备

图 5.13　泡沫轻质土制备装置

第6章 深厚回填区复杂隧道结构受力特性与回填优化

6.1 深厚回填区隧道结构土压力荷载传递规律

6.1.1 模拟方案

1)有限元数值模拟方法与软件选取

ABAQUS 是国际通用的有限元分析软件之一,相比其他领域而言,岩土工程中的数值模拟有其自身的独特性,而 ABAQUS 则能很好地适用于这种独特性,主要表现在以下几个方面。

①ABAQUS 具有准确模拟岩土性质的本构模型,例如岩体的屈服、剪胀等特性。内置模型包括 Mohr-Coulomb 模型、Druker-Prager 模型、Cam-Clay 模型等,能够真实地模拟岩体的应力-应变特征。其中,Cam-Clay 模型是多数其他数值软件所不具有的。此外,还具备二次开发接口,可设置自定义材料属性。

②地下洞室的稳定性主要涉及围岩与结构相互作用的问题,必须能够准确地模拟其接触特性。ABAQUS 具备较强的接触面处理功能,能够精确地模拟围岩与结构间的松脱、滑移等现象。

③对岩土工程问题进行数值分析时,还要求软件具备处理复杂荷载、边界

条件的能力。而 ABAQUS 均能满足要求,例如其拥有生死单元的功能,能够准确模拟开挖或回填导致的边界条件改变。

④ABAQUS 还专门提供了相应的分析步骤,从而能方便、准确地建立初始应力状态。

综上所述,ABAQUS 在岩土工程中有着极强的适用性。因此,在分析深厚回填区地下结构的土压力荷载传递规律时,选择 ABAQUS 作为分析工具是合理可行的。

2)数值模拟与计算参数

基于金州大道与星光大道延伸段节点改造工程的实际情况,选取 1~4 匝道和主线隧道前方某一断面,采用 ABAQUS 软件对该复杂断面建立起相应的二维平面应变模型。本模型尺寸为 160 m×80 m,土体网格采用以四边形为主的实体单元,为了反映衬砌结构的受力情况,将衬砌结构采用平面线性梁单元,将衬砌剖面统一设定为 1 m×0.2 m,模型边界条件为底部施加横向和竖向约束,左、右边界施加水平方向约束,顶部为自由面,模型的有限元网格划分如图 6.1 所示。

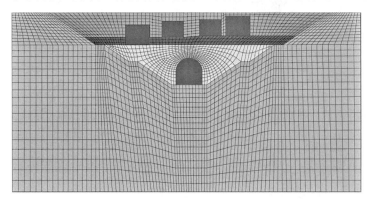

图 6.1　数值模拟网格划分图

开挖土体和回填土均采用摩尔-库仑弹塑性模型,隧道衬砌结构采用线弹性模型。隧道衬砌的材料属性为 C30 现浇模型钢筋混凝土,开挖掉的土体为素填土和粉质黏土,回填土的属性为砂卵石,根据《建筑结构荷载规范》(GB 5009—2012)和《公路隧道设计细则》(JTG/T D70—2010)的要求,结合工程实际,材料的力学计算参数见表6.1。

表6.1 数值模拟相关参数

材料	弹性模量/MPa	泊松比	重度/(kN·m⁻³)	黏聚力/MPa	内摩擦角/(°)
素填土	18	0.38	15.4	0.5	16
粉质黏土	27	0.35	19.7	19.8	17.8
砂卵石	30	0.32	19	—	40
C30混凝土	31 000	0.2	25	2 420	54

由于本项目开挖深度较深,下方拱形隧道为高填方隧道,且拱形隧道上方还交错有匝道隧道。因此,拱形隧道在施工过程中的受力情况非常复杂,本模型主要针对下方拱形隧道在施工过程中的受力变化进行。断面回填示意图如图6.2所示。

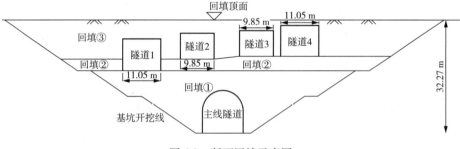

图6.2 断面回填示意图

本断面从实际工程真实截取,仅做了稍许简化,其中下方主线隧道为拱形隧道,匝道隧道1~4为矩形隧道。为反映实际施工过程,地应力平衡后进行基坑开挖,开挖深度最深达32.27 m,然后施作主线隧道结构。接下来的施工步骤设为模拟工况,具体模拟步骤流程图如图6.3所示。一共有6个工况,依次为:

①对主线隧道进行分层回填,回填至距隧道拱顶6 m处;

②匝道隧道1施工;

③回填土②与③分层回填;

④匝道隧道2,3,4依次施工;

⑤分层回填至设计标高；

⑥上部 4 个匝道同时施加车辆荷载。

注：车辆荷载简化等效为 4 个匝道，同时施加竖直向下的均布荷载。

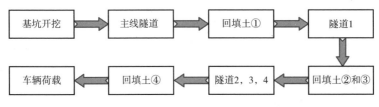

图 6.3　回填步骤流程

6.1.2　模拟结果分析

1）主线隧道竖向位移

回填至设计标高并施加车辆荷载后，主线隧道结构整体竖向位移曲线如图 6.4 所示。从图 6.4 中可以看出，基坑开挖后，基坑底部土体受卸载回弹的影响，出现了向上隆起的现象，最大隆起量为 5.1 mm，出现在主线隧道正下方。随着施工步骤的进行，由于受回填土压力、上部匝道隧道重力和车辆荷载的作用，基坑底部隆起比基坑开挖后向下沉了一些，隆起量最终减小到 3.2 mm。整个基底

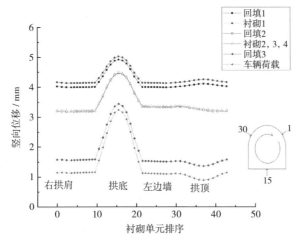

图 6.4　主线隧道竖向位移变化曲线

比基坑开挖后下沉了 1.9 mm,表明项目完成并通车后,给基底增加了向下的竖向压力,但相较于开挖掉的原始基坑土体自重压力小,没有给下部围岩增加更多的荷载,反而减少了压力。还可以看出拱顶先是出现了向上的微弱变形,转而变成向下的位移,这是因为在完成回填 1 步骤时拱顶正上方的垂直土压力小于两拱肩所受的水平土压力,但随着施工工序的进行,竖向荷载增大,拱顶逐渐出现向下的位移。

2)主线隧道轴力分析

主线隧道随施工工序增加的轴力变化如图 6.5 所示,其所受轴力均为压力,图中皆用正值表示。由图 6.5 可知,随着填土量的增加,主线隧道的轴力逐渐增大,最大轴力均出现在边墙处,其次是拱顶,拱底处最小,且在拱脚处发生突变。主线隧道在回填结束并施加车辆荷载后所受的最大轴力为 2 914 kN,满足承载力要求。在回填 3 步骤之前,隧道结构左右两边的轴力几乎呈对称分布。然而,由于后续填土的位置与上部匝道衬砌结构的不对称性,导致偏压的产生,进而引发了左右边墙所受轴力的不对称现象。

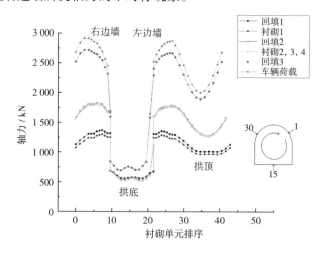

图 6.5　主线隧道轴力变化曲线

3)隧道衬砌弯矩分析

本模型中所有衬砌结构在回填结束并施加车辆荷载后的弯矩分布如图 6.6

所示,该图所取结构变形系数为 5,可以明显看出隧道结构的形变与受力最大处。上部方形匝道隧道主要是 4 个边角处弯矩较大,与简支梁受均布荷载的弯矩图一致,实际施工时需对匝道隧道的 4 个边角进行加固。由于衬砌 1 较先施作且位置偏下,所以其所受填土荷载比其他 3 个匝道隧道更大,弯矩和变形也更大。

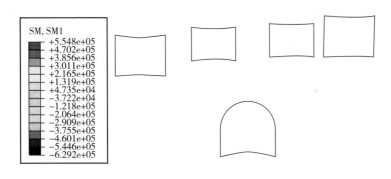

图 6.6　模型所有隧道衬砌弯矩分布图

主线隧道随施工工序增加的弯矩变化如图 6.7 所示,由图 6.6 和图 6.7 可知,填土后主线隧道衬砌弯矩分布规律几乎一致,呈左右对称分布,其最大弯矩均出现在隧道拱脚处且存在突变,这是拱脚出现应力集中的缘故。首先是最大弯矩在施加车辆荷载后达到 665.6 kN·m,其次是由于拱底受到隧底基坑土体开挖回弹的影响,出现了稍大的弯矩值。拱顶在回填 1 完成后,出现了微小的负弯矩,这是由于填土量不够,拱顶的竖向土压力小于两拱肩的水平土压力,但随着施工工序的进行,垂直土压力逐渐增大,拱顶弯矩转而变正。由工况二和工况四可知,施作上部匝道衬砌结构对下部主线隧道的影响几乎为零,其曲线几乎与上一工况重合,由此可见,主线隧道的受力变化主要还是受填土荷载的影响更大。

根据数值模拟结果,提出的主要结论与建议如下:

①基坑开挖后,坑底受卸荷回弹作用出现了一定量的隆起,随着土体的回填和隧道建成运营后车辆荷载的施加,坑底的隆起量逐渐减小,但加载效应小于开挖卸载效应,主线隧道结构与底部土体的位移依然存在,且一直是拱底处位移最大。

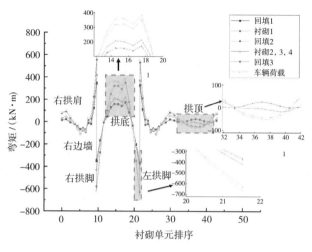

图 6.7　衬砌弯矩变化曲线

②矩形匝道隧道 4 个边角处的弯矩最大,主线隧道拱脚拐角处存在应力集中现象,实际施工中应对边角处进行加固并加强拱脚处的监测,或采用圆弧形的结构形式优化拱脚处衬砌。

③由于主线隧道上部工程的不对称性,其结构受力会存在偏压,故结构设计时除了按照力学方法计算内力和配筋,还应与数值计算结果相校核。

数值计算做了相应简化,但其结果对真实的施工还是有一定的指导作用,最好还是与实际监测数据相对比,合理优化衬砌尺寸与形状和回填土配比,将对隧道的不利影响降到最低。

6.2　明挖隧道结构受力变形特性现场监测方案

为了获得受监测隧道各个关键位置的土压力和结构应变数据,需将传感器沿环向安装,其中土压力盒安装在隧道结构外侧,应变计应在每个监测点上成对安装在内外侧钢筋上。

(1)M 匝道侧边土压力监测

M 匝道监测点位于星光大道延伸段地下工程,以 M 匝道里程为准,选定监测断面为 M-1(MK0+200)和 M-2(MK0+230),因 M 匝道监测段位于主线左线的左侧,仅在左侧和顶部涉及回填工程,且在回填深度达到 12 m 时停止回填并开始恢复路面,故所涉及的测点共 3 个,如图 6.8 所示,传感器安装位置分别为腰部(2 m)、肩部(5.5 m)和顶部(8.5 m),监测内容为土压力监测。

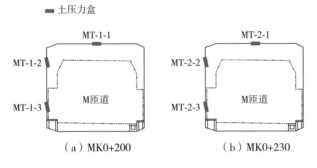

图 6.8　M 匝道传感器安装示意图

(2)深厚回填区监测

深厚回填区监测点位于星光大道延伸段的地下工程,以 L 匝道里程为准,选定监测断面为 L-1(LK0+434)和 L-2(LK0+485),所涉及的测点共 6 个,监测内容包括土压力监测和混凝土应变监测,如图 6.9 所示,传感器安装位置分别为腰部(2 m)、肩部(5.5 m)和顶部(8.5m)。其中 L-1 断面为放坡开挖,匝道顶部回填深度达到 10 m 时开始修建 J、K 匝道,L 匝道顶部正上方处于 J、K 匝道之间。L-2 断面采用不对称沟槽式开挖,左侧土墙设计高程与匝道洞顶一致并向左水平开挖,右侧土墙高程较左侧高 6 m 并向右放坡开挖,匝道顶部回填深度达 10 m 开始修建主线左线,匝道顶部正上方为左线底部。

(3)监测频率

本章进行的现场实测工作主要涉及结构所受土压力和混凝土应变,使用振弦埋入式混凝土应变计和土压力盒等传感器,对明挖隧道浇筑和回填过程中的回填土压力和结构应变进行研究。

为了能较完整地获取监测周期内回填土压力和结构应变数据,达到监测目的,需要在不影响施工的情况下合理安排监测频次。对于土压力的监测,土压

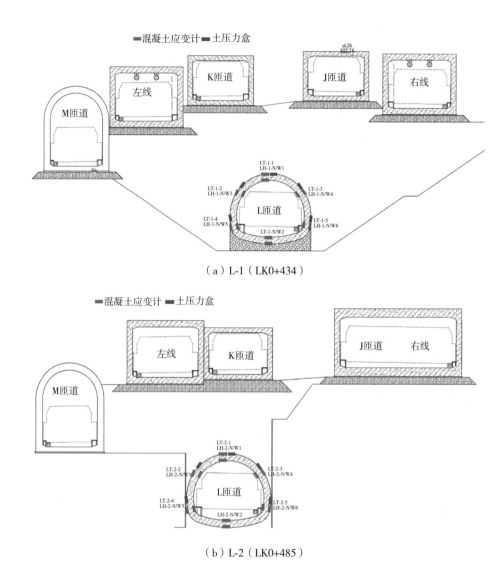

（a）L-1（LK0+434）

（b）L-2（LK0+485）

图6.9　深厚回填区L匝道传感器安装示意图

力盒安装完成后记录仪器初始值,从该路段开始回填后,每4天测量1次,后期根据施工进度适当降低监测频率。对于应变的监测,在应变计安装完成后记录仪器初始值,从隧道结构浇筑开始测量频率为每天1次,当结构应变变化较小时适当降低监测频率直到数据稳定为止。

所用采集器为 XHY-ZHx 型智能综合读数仪,具有体积小、携带方便、检测快、精度高等特点,可大容量存储测量结果并能查询或通过串口上传数据库至计算机,所安装的应变计和土压力盒等传感器可以通用测量,根据传感器内板载的标定参数,可以直接测量并显示构件的应力、应变、压力等物理量,人机对话操作简易。采集器和现场采集数据情况如图 6.10 所示。

（a）XHY-ZHx型智能综合读数仪　　　　　（b）现场采集

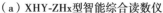

图 6.10　采集数据

6.3　现场监测结果分析

6.3.1　M 匝道监测

M 匝道土压力监测时间为 2021 年 6 月 26 日至 2021 年 12 月 23 日,监测周期共 180 d。将传感器安装当天所测数据记录为初始值,后续所测数据均为监测点土压力增量变化,M 匝道回填土压力变化如图 6.11 所示,其中位于 M-2 断面顶部的土压力盒 MT-2-1 出于施工等原因损坏导致后期数据丢失。

从图 6.11 中可以看出,不同断面上相同测点的土压力随回填深度的增加具有相似的变化规律,即随着回填深度的增加,测点土压力按一定的速率增大,并在回填结束后趋于稳定。

其中,在回填开始时(回填深度 $H<2$ m),位于肩部、顶部的土压力监测值基本不受影响,位于腰部的土压力监测值开始有轻微的波动,此时隧道墙角开始

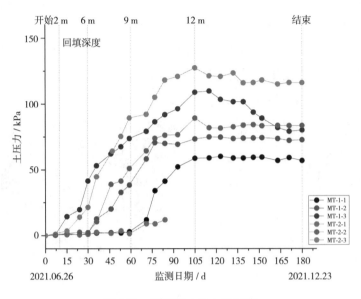

图 6.11　M 匝道土压力监测值

承受水平向土压力,但数值较小,仅有腰部传感器有所感应,无法对肩部、顶部传感器产生影响。当回填深度 H 开始超过 2 m 时,腰部土压力开始稳定上升,随着回填继续进行,隧道边墙受力区向上扩展,肩部因为边墙受到回填土的挤压和施工扰动影响开始出现较小的变化。当回填深度达到 6 m,肩部土压力开始上升,并且其增长速率与腰部土压力增长速率大致相同,当回填深度达到 8.5 m时,顶部土压力盒被回填土掩盖,且随回填进行土压力值开始快速增长,其增长速率大于腰部和肩部的增长速率,这是因为 M 匝道受监测段为箱形隧道,边墙与地面垂直,腰部和肩部在回填过程中主要承受水平土压力,而顶部主要承受竖向土压力,因此具有所述的增长速率规律,基本符合土压力计算理论。当回填深度达到 12 m 后,各个测点土压力值达到最大值,其中腰部土压力分别为 127.41 kPa 和 108.90 kPa,肩部土压力分别为 73.40 kPa 和 89.17 kPa,顶部土压力为 54.71 kPa。MT-2-1 传感器数据丢失,尽管如此,其他测点的土压力值基本保持稳定,仅有因施工扰动引起的轻微跳动。

6.3.2　深厚回填区 L 匝道监测

（1）混凝土应变监测

深厚回填区 L-1 断面的混凝土应变监测时间为 2021 年 6 月 26 日至 2021 年 9 月 21 日,L-2 断面为 2021 年 8 月 4 日至 2021 年 10 月 20 日,监测周期均为 78 d,传感器安装完成后记录数据并设定为初始值,后续测得数据均为隧道结构应变增量变化,深厚回填区 L 匝道结构应变变化如图 6.12 所示,其中 LH-1-N2,LH-2-N3,LH-2-N6 传感器由于工程原因被破坏,导致数据丢失。

从图 6.12 中可以看出,L-1 断面、L-2 断面从浇筑开始,匝道结构的拉、压应变都先急速增长,这是由于混凝土浇筑完成后因凝结放热引起的温度应变。随后结构应变开始以较慢的速度增长,其中匝道拱肩、拱腰位置应变增长速度快,监测前期应变值较大,而拱顶位置应变增长速度慢,说明在结构浇筑完成后,匝道结构中部为主要受力区,顶部受力较小。在传感器安装 30 d 后,结构应变变化趋势开始放缓,各监测点应变开始趋于稳定,不再大幅增长,这是因为随着混

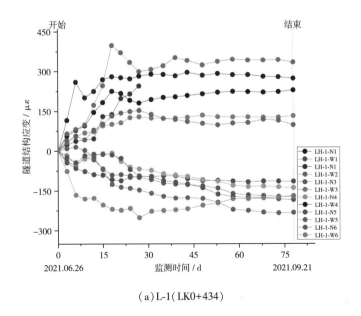

（a）L-1（LK0+434）

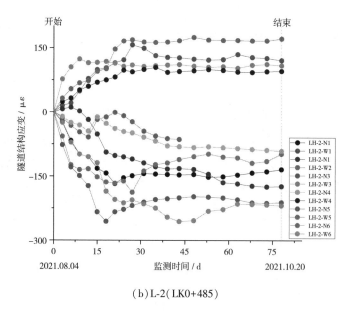

（b）L-2（LK0+485）

图 6.12　深厚回填区 L 匝道应变监测值

凝土固结的完成,结构强度不断上升,结构变形量也随之减小,其中 L-1 断面最
大拉、压应变分别为 $398×10^{-6}$ 和 $252×10^{-6}$,L-2 断面最大拉、压应变分别为
$169×10^{-6}$ 和 $256×10^{-6}$。

基于平面假定理论可以求得结构弯矩,以获得结构从浇筑到最终稳定时的
内力变化,并规定弯矩方向内侧受拉为正,具体计算方式为:

$$\sigma = E\varepsilon \tag{6.1}$$

$$M = \frac{1}{12}(\sigma_内 - \sigma_外)bh^2 \tag{6.2}$$

式中　σ——结构表面应力,kPa;

　　　E——结构弹性模量,MPa;

　　　ε——结构表面应变,‰;

　　　M——结构截面弯矩,kN·m;

　　　b,h——截面几何参数,m,b 取单位长度 1 m,h 为隧道结构厚度。

通过计算所得 L 匝道弯矩变化如图 6.13 所示。从整体上看,L-1 和 L-2 两

个断面都是拱顶承受正弯矩,其他位置为负弯矩,而且两者结构内力的整体变化趋势也基本相同,虽然存在因混凝土凝固过程引起的小幅度波动,但在前30 d是逐渐增大的,待混凝土固结完成后结构内力趋于稳定。从数值上看,隧道结构承受的弯矩相对较小,结构变形和内力大小都是处于安全可控范围内,不会发生结构破坏。

(2)土压力监测

L-1 断面土压力监测时间为 2021 年 12 月 21 日至 2022 年 10 月 27 日,监测周期为 310 d,其中从 2022 年 1 月 19 日开始停工,持续 29 d,L-2 断面监测时间为 2022 年 3 月 1 日至 2022 年 10 月 27 日,监测周期为 241 d。传感器安装完成后记录数据并设定为初始值,后续测得数据均为隧道土压力增量变化。深厚回填区 L 匝道回填土压力变化如图 6.14 所示,传感器 L-1-3 因故障损坏而无法获得后续土压力变化。

对于 L-1 断面,由于放坡开挖,在回填初期(回填深度 $H<2$ m),腰部土压力基本不发生变化,这是因为 L 匝道底部浇筑了预制底座,回填深度较小时腰部传感器基本无法感应土压力变化。当回填深度接近腰部传感器安装点高程时,土压力出现波动,越过停工期后,随着回填的进行,腰部土压力以相对恒定的速率增长,肩部也因隧道结构整体受力和施工扰动而出现较小的压力变化。当回填深度达到 6 m 左右时,肩部土压力开始上升,但其曲线斜率要大于腰部土压力曲线。当回填深度达到 9 m 后,顶部土压力在出现较小波动后以更大的速率随着回填而快速增大。回填深度达到 18 m 后,腰部、肩部土压力增长速率开始减小,但右腰、肩的速率变化较小,因为 L 匝道相对靠左,右侧回填土量稍大于左侧而引起不均匀压力,直到回填深度达到 25 m 后各监测点位土压力达到最大值,其中腰部土压力分别为 238.56 kPa(左)、227.14 kPa(右),肩部土压力为253.04 kPa(左),LT-2-3 数据因传感器损坏而丢失,顶部土压力为 249.80 kPa,之后土压力监测值不再大幅变动,逐渐趋于稳定。

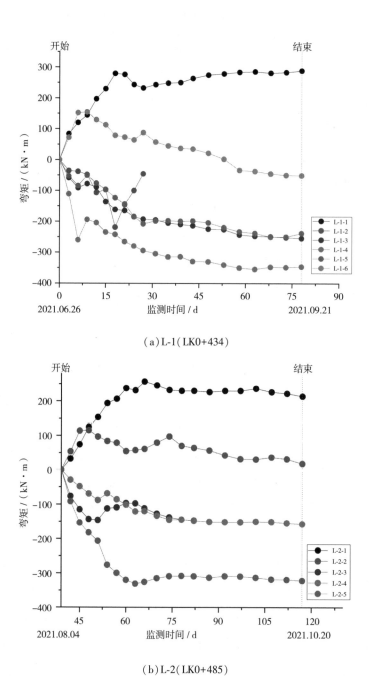

（a）L-1（LK0+434）

（b）L-2（LK0+485）

图 6.13　深厚回填区 L 匝道弯矩监测值

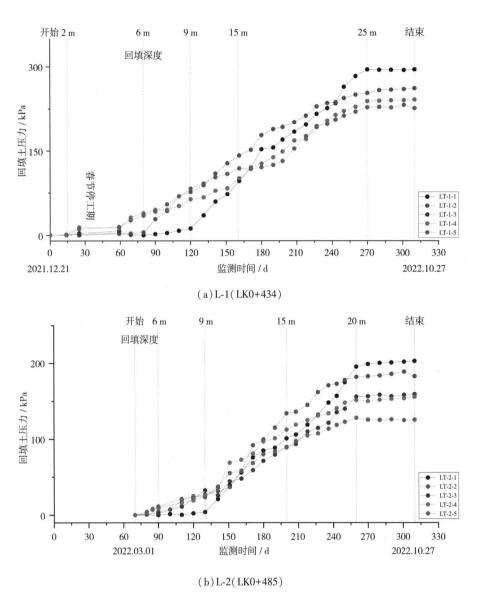

（a）L-1（LK0+434）

（b）L-2（LK0+485）

图 6.14　深厚回填区 L 匝道土压力监测值

　　因 L-2 断面采用沟槽式开挖,直接在沟槽底部浇筑底座后修建 L 匝道,腰部传感器在结构浇筑前就埋入隧道内,全部浇筑完成且其余传感器安装完成后再开始记录初始值,所以该断面与 L-1 断面土压力变化有所不同,但整体增长趋势相似。各点位土压力达到最大值,其中腰部土压力分别为 151.32 kPa

（左）、128.01 kPa（右），肩部土压力分别为 182.15 kPa（左）、156.12 kPa（右），顶部土压力为 195.62 kPa。相比 L-1 断面，L-2 断面土压力出现了左侧大于右侧的情况，这是因为前期开挖了不对称沟槽，在回填深度达到匝道顶部后，左侧回填土量大于右侧，直到回填深度达到 16 m 时右侧由直墙改为放坡，回填土量才有所增加。此后土压力逐渐趋于稳定，不再发生大幅变化，当监测周期达到 300 d 左右时，土压力出现较小的增长，这是由于该断面开始修建左线而引起的扰动，但因疫情等原因无法继续对其进行监测以观察左线修建对 L 匝道受力的影响。

6.4 深厚明挖隧道回填施工参数优化

6.4.1 隧道设计概况

本项目共包含 8 座隧道，总长约 3 668.62 m，其开挖方式均为明开挖，具体见表 6.2。

表 6.2 隧道设计概况

隧道编号	桩号范围	长度/m	形式	净宽×净高/m×m
左线隧道	ZK1+417.00～ZK2+713.00	1296	箱形/门形	12.95×6.3/9.25×6.3
右线隧道	YK1+871.00～YK2+727.00	856	箱形/门形	
B 匝道	BK0+170～BK0+240	70	箱形/门形	10.40×5.0
H 匝道	HK0+221.00～HK0+608.00	387	箱形/门形/拱形	9.25×6.3
J 匝道	JK0+135.00～JK0+206.614	71.61	箱形	7.25×6.3/7.25×5.0
K 匝道	KK0+112.452～KK0+191.00	78.55	箱形/门形	
L 匝道	LK0+200.028～LK0+886.000	685.97	箱形/门形/拱形	9.25×6.3/7.75×6.3
M 匝道	MK0+087.011～MK0+310.464	223.45	箱形/门形	7.75×6.3/8.85×6.3

因本工程地下工程体量较大，两侧均为重要构建筑物，为加快施工进度，控制施工质量，尽可能地确保施工过程中的安全，本次隧道施工采用"底板传统现

浇+侧壁顶板标准段简易模板台车或全液压模板台车+渐变段传统脚手架模板"
施工方法相结合的施工工艺。

本次设计标准段尺寸分别为 12.95 m×7.05 m、9.45 m×7.02 m、7.95 m×
7.00 m、8.85 m×7.00 m、7.45 m×7.00 m,总长约 2 850 m,渐变段总长约 835 m。

隧道与各道路之间的快速转换如图 6.15 所示。

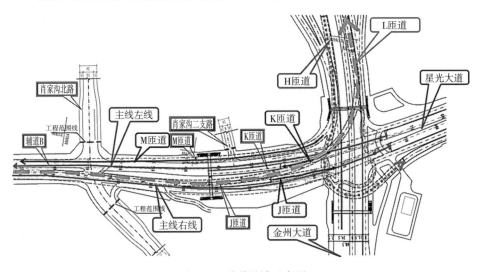

图 6.15　隧道设计示意图

①星光大道主线分左右线 3 车道地通道(−1 层)通过该片区; J、K 匝道解
决星光地面进出地通主线功能; M 匝道(−1 层)实现星光大道主线隧道(−1 层)
与 H 匝道(−2 层)的快速转换。

②H 匝道(−2 层)作为金州大道(西)至星光大道延伸段(北)左转定向
匝道。

③通过 L 匝道(−3 层)实现星光大道主线隧道(−1 层)与金州大道的快速
转换。

6.4.2 原设计回填方案

1）A 段隧道典型横断面（图 6.16）

开挖方式：垂直开挖，隧道两侧采用临时桩板式挡墙支护。

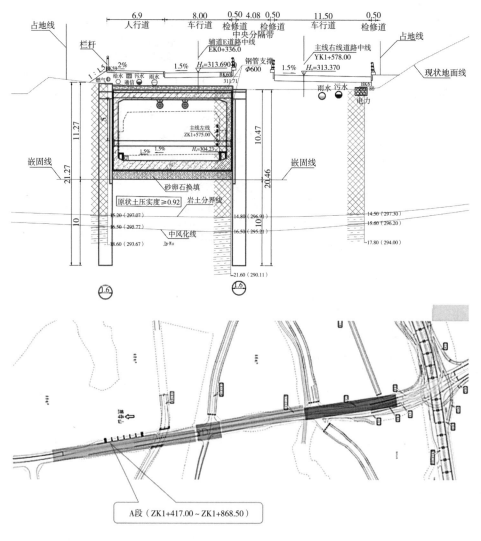

图 6.16　A 段隧道典型横断面图

2）B 段隧道典型横断面（图 6.17）

开挖方式：左线隧道左侧垂直开挖，采用临时桩板式挡墙支护；右线隧道右侧采用临时桩板式挡墙支护。

回填材料：该段范围内隧道顶部采用路基土回填。

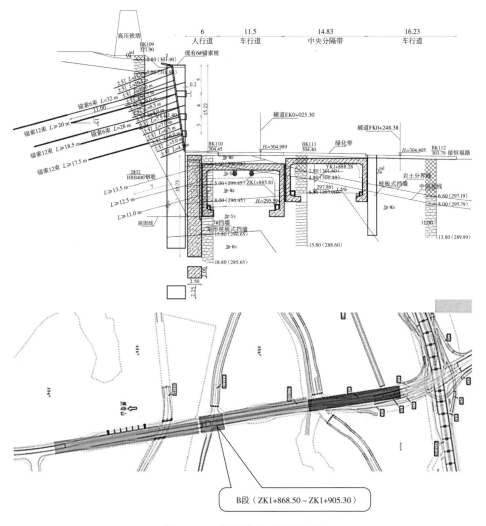

图 6.17　B 段隧道典型横断面图

3)C 段隧道典型横断面(图 6.18)

开挖方式:左线隧道左侧岩土分界线较陡段采用临时桩板式挡墙支护后垂直开挖,基岩较厚段采用锚喷临时支护后垂直开挖。

回填材料:左线隧道开挖后 3 m 范围内,机械不能碾压区域采用浆砌片石回填,其余采用砂卵石回填。

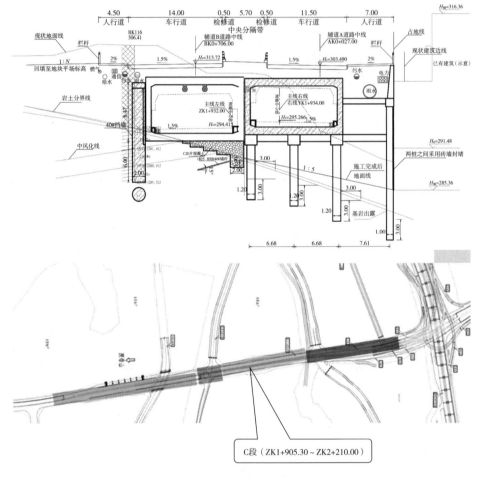

图 6.18　C 段隧道典型横断面图

4)D 段隧道典型横断面(图 6.19)

开挖方式:隧道两侧采用放坡,临时开挖放坡坡比为 1:1.5。

　　回填材料:隧道顶部采用路基土回填;隧道两侧及两结构物之间 3 m 范围内,机械不能碾压区域采用浆砌片石回填,其余区域采用砂卵石回填。

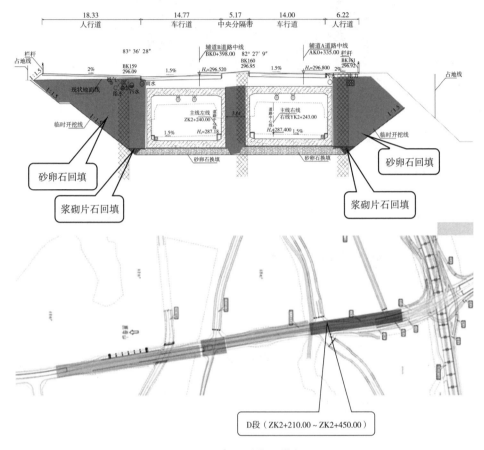

图 6.19　D 段隧道典型横断面图

5)E 段隧道典型横断面(图 6.20)

　　开挖方式:L 隧道两侧基岩部分垂直开挖,采用锚喷临时支护,其余段临时开挖放坡坡比为 1∶1.5。

　　回填材料:L 匝道隧道顶部、M 匝道顶部及侧墙、主线及 J、K 匝道两侧除 3 m 范围机械不能碾压区域采用浆砌片石回填外,其余采用砂卵石回填;主线及 J、K 匝道隧道顶部为路基土回填。

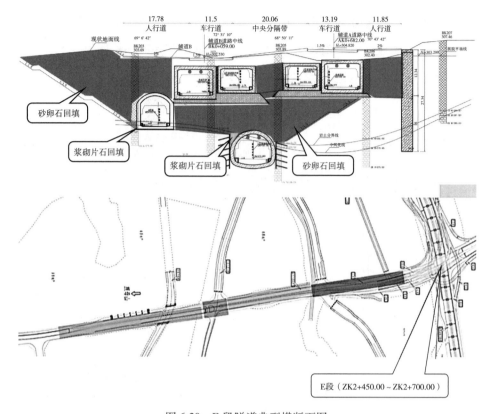

图 6.20　E 段隧道典型横断面图

6.4.3　优化后的回填方案

1)优化位置一

隧道两侧开挖三角区域、隧道间机械无法碾压区域。

原设计方案:三角区域机械不能碾压处采用浆砌片石回填,其余部分采用砂卵石回填;隧道间机械不能碾压处采用浆砌片石回填。

优化后设计方案:三角区域仅 3 m 范围内采用砂卵石回填;两隧道间净距 (B):$B<0.5$ m,C40 素混凝土原槽浇筑;0.5 m$\leqslant B\leqslant 2$ m,C20 片石混凝土回填;2 m$<B<3$ m,砂卵石回填;$B\geqslant 3$ m,路基土回填。

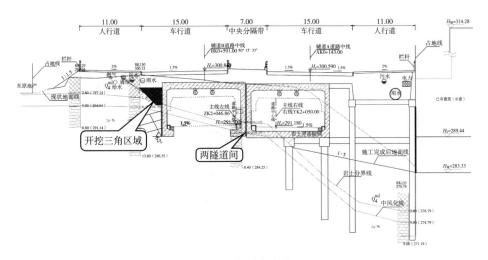

图 6.21 原设计方案位置一

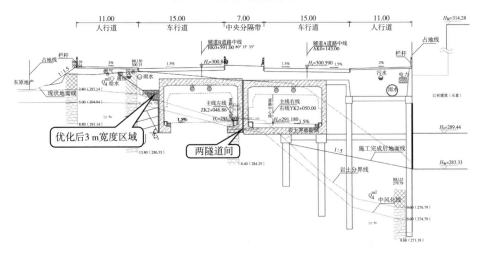

图 6.22 优化后设计方案位置一

2)优化位置二

桥梁桩基范围、下部 L 匝道隧道顶及两侧区域。

原设计方案:桥梁桩基 3 m 范围内砂卵石回填;下部 L 匝道隧道顶及两侧区域砂卵石回填。

优化后设计方案:桥梁桩基 1 m 范围内的砂卵石回填;下部 L 匝道隧道两侧及顶部与上部隧道结构底板区域间采用砂卵石回填。

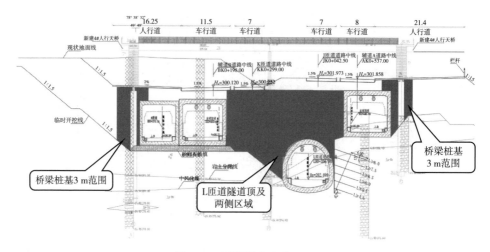

图 6.23 原设计方案位置二

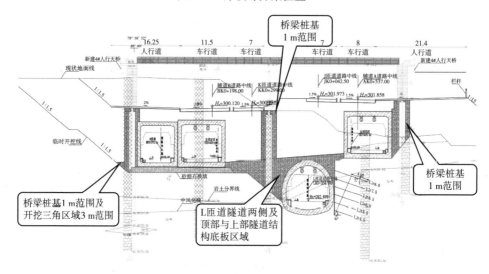

图 6.24 优化后设计方案位置二

3）优化位置三

隧道上、下层结构间相互交错段。

原设计方案：为确保隧道回填密实，避免上层结构发生不均匀沉降，该段隧道顶部及两侧开挖区域均维持原方案不变，故采用砂卵石回填。

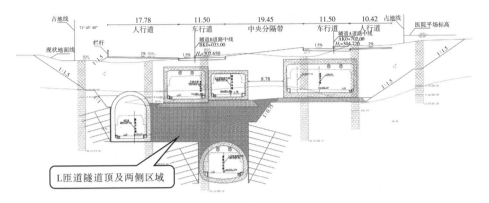

图 6.25　原设计方案位置三

4) 优化位置四

肖家沟北路交通转换处如图 6.26 所示。

图 6.26　肖家沟北路交通转换处

原设计方案:3 m 范围外至 2#车行横通道处采用路基土回填。

为加快交通转换进度,对该段回填方案作如下处理:

①两隧道间($B<3$ m 段与前面方案一致);

②两隧道间($B\geqslant3$ m 段)采用砂卵石回填;

③2#车行横通道顶部采用 C20 片石混凝土回填；

④右侧隧道与检查井之间采用 C20 片石混凝土回填。

其中 *a—a* 剖面和 *b—b* 剖面的设计示意图分别如图 6.27 和图 6.28 所示。

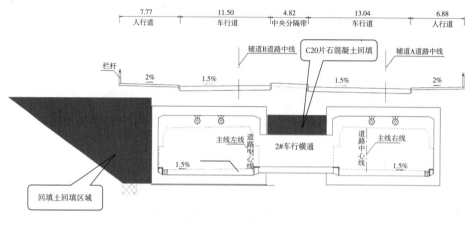

图 6.27 *a—a* 剖面设计图

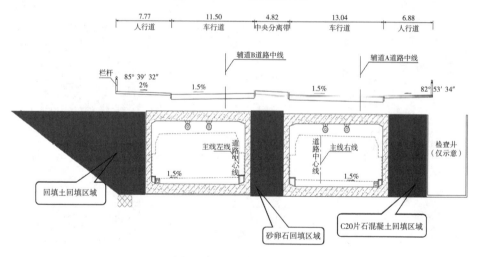

图 6.28 *b—b* 剖面设计图

6.4.4 优化后工程量对比与投资估算

方案优化区域如图 6.29 所示。

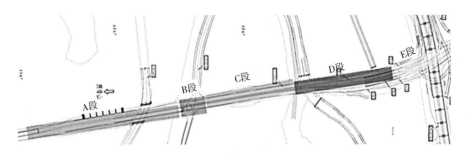

图 6.29 方案优化区域图

除本次隧道结构间的相互交错处需严格控制沉降采用砂卵石回填,其余隧道两侧及顶部回填材料均为路床路基,根据《城市道路路基设计规范》(CJJ 194—2013)中的相关要求,在满足压实度的情况下,采用合格的路基土回填满足本次设计要求。方案优化后的延米工程量对比见表 6.3。

表 6.3 方案优化后延米工程量对比

段落	长度/m	优化区域	原方案延米工程量/m³	优化后延米工程量	工程量增减对比
A 段	453	无	不涉及工程量变化	不涉及工程量变化	无
B 段	34	隧道间	1.78(浆砌片石)	1.78(C40 素混凝土)	无
C 段	347	隧道间	1.8(浆砌片石)	1.8(C40 素混凝土)	无
		三角区域	2.5(浆砌片石)/152(砂卵石)	2.5(砂卵石)	−152(砂卵石)
		桥梁桩基范围	41.42(砂卵石)	14.65(砂卵石)	−26.77(砂卵石)
D 段	215	隧道间	1.65(浆砌片石)	1.65(C40 素混凝土)	无
		三角区域	4.85(浆砌片石)/147(砂卵石)	4.85(砂卵石)	−147(砂卵石)
		L 匝道隧道顶及两侧	350.26(砂卵石)	121.70(砂卵石)	−228.56(砂卵石)
E 段	125	与原方案一致	不涉及工程量变化	不涉及工程量变化	无
肖家沟北路路口	62	2#车行横通道顶	23.9(路基土)	23.9(C20 片石混凝土)	+23.9(C20 片石混凝土)
		隧道间及隧道与检查井间	88.65(路基土)	49.95(砂卵石)/38.7(C20 片石混凝土)	+49.95(砂卵石)/+38.7(C20 片石混凝土)

方案优化后的投资估算见表 6.4。

表 6.4　投资估算

	名称	单位	数量	单价/元	总价/万元	合计/万元
清单工程数量	土夹石回填	m³	29.5 万	12.61	372	372
原施工图工程数量	砂卵石回填	m³	29.5 万	143	4 218.5	6 308.58
	弃方	m³	29.5 万	70.85	2 090.08	
优化后工程数量	砂卵石回填	m³	15.4 万	143	2 202.2	3 751.02
	C20 片石混凝土	m³	0.3 万	425.96	127.8	
	C40 素混凝土	m³	0.2 万	615.09	123	
	路基土回填	m³	13.6 万	12.61	171.5	
	弃方	m³	15.9 万	70.85	1 126.52	
扣除工程量	浆砌片石回填	m³	500	277.3	13.9	13.9
优化后较原施工图节约造价约 2 543.66 万元,较原清单增加造价约 3 365.12 万元						

注:①本次所提土夹石及 C20 片石混凝土实际用量以现场实际收方确认,本次仅作参考;

②以上各材料单价根据业主所提清单单价进行计算;

③本次回填土方中,其土方量由施工单位自行考虑土方调配,其费用不再以单价计算。

第7章　地下立交上下交叠隧道施工力学效应

本章以重庆市照母山金州大道与星光大道延伸段节点改造工程为背景,以数值模拟和现场原位试验相结合为研究手段,分析小净距立交回填施工对下穿隧道稳定性的影响,同时得到了支护结构力学特性的影响规律,建立90°垂直立交模型,对下穿隧道的稳定性及支护结构力学特性的变化规律进行研究,并与现场原位试验进行对比分析。

7.1　数值模拟方案

根据研究重点,本章依旧采用美国达索(SIMULIA)公司开发的非线性有限元分析软件 ABAQUS 进行模拟计算,对于数值模拟中所涉及的结构及地层尺寸,通过绘图软件 CAD 进行绘制并转入 ABAQUS 软件中进行建模计算。

7.1.1　计算参数及屈服准则的选取

依据重庆市照母山金州大道与星光大道延伸段节点改造工程地勘报告及现场采集土样的物理力学性能,地质分级主要以Ⅳ级围岩为主,结合5、6章所述确定的回填方案,确定结构、地层及回填材料参数,见表7.1。此外,根据《公路隧道设计细则》(JTG/T D70—2010),项目隧道结构设计图确定结构均采用 C40 混凝土,弹性模量为 33.5 GPa,泊松比为 0.2。下穿隧道支护结构采用曲墙 三心拱,厚度为 100 cm,上覆隧道采用矩形结构,拱顶、拱底厚度为 100 cm,侧墙 厚度为 80 cm。

表 7.1　模型主要计算参数

名称	容重 /(kN · m⁻³)	弹性模量 /MPa	泊松比	黏聚力/kPa	内摩擦角/(°)
土夹石混合土	20	90	0.3	14.5	30
中风化泥岩	24	750	0.15	276	33
中风化砂岩	25.1	3 760	0.2	1 094	37
砂砾石	22	240	0.25	80	30
C40 混凝土	24	33 500	0.2	—	—
C15 素混凝土	23.7	22 000	0.2	—	—

ABAQUS 数值软件自带丰富的本构模型和单元类型,允许用户针对不同的 模拟对象选取与之对应的本构模型。Mohr-Coulomb 是岩土材料中最常见的一 种屈服准则,它认为材料的破坏是其内部某个面上的剪应力达到材料本身的剪 切强度(极限剪切强度)时就发生破坏,理论的力学基础是压剪破坏。Mohr-Coulomb 屈服准则能够很好地反映岩土体抗压强度的 S-D 效应,且该准则所涉 及的岩土体参数均可通过室内试验获取,简单实用。因此,Mohr-Coulomb 屈服 准则在岩土工程中得到了广泛应用。其表达式为:

$$\tau = \sigma \tan \theta + c \tag{7.1}$$

式中　τ——剪应力,MPa;

　　　σ——作用于破坏面的法向正应力,MPa;

　　　θ——内摩擦角,(°);

　　　c——黏聚力,kPa。

主应力的表达式为:

$$\sigma_1 - \sigma_3 = (\sigma_1 + \sigma_3)\sin \theta + 2 \cos \theta \tag{7.2}$$

7.1.2　数值模型及计算工况

1）模型的建立

以往研究表明,考虑对工程精度的要求及软件自身的计算误差,一般选定模型计算范围为洞径的 3~5 倍。因此,结合隧道结构设计尺寸,模型左、右边界取洞径 4 倍,下部边界为洞径的 4 倍,模型上边界为回填顶面,最终建立模型尺寸为 100 m×100 m×68 m(长×宽×高),模型单元类型为六面体 C3D8R 单元,总计单元数为 426 579,节点数为 453 330。另外,对模型底部施加竖向约束,左、右边界施加水平约束,上边界为自由面。有限元本构模型为弹塑性本构,采用Mohr-Coulomb 准则。

本章重点在于分析垂直立交关系下回填施工对下穿隧道支护结构受力、位移的影响及影响分区的分布,建立模型如图 7.1 所示。基坑开挖最深为29 m,下穿隧道顶部覆土最高为 18.8 m,两隧道净距为 1.5 m,上覆隧道覆土最高为8.9 m,交叠位置采用 C15 混凝土换填,其余部位采用土夹石混合料回填,上覆填土的施工采用分层对称回填,且每层回填 1 m。

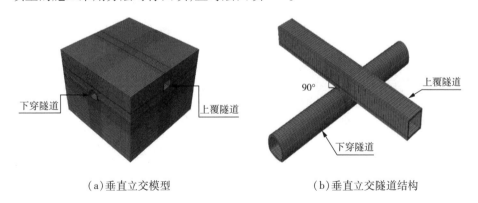

（a）垂直立交模型　　　　　　　　　（b）垂直立交隧道结构

图 7.1　模型的建立

2）监测断面布置

这里重点分析垂直立交隧道在中间岩土及上覆隧道回填施工对下穿隧道

支护结构的承载特性及变形的影响。以往研究表明,立交隧道结构交叠位置处于强影响区,且距离交叠位置越近,施工扰动程度越大,结构的受力、变形也随之增大。因此,结合以往研究成果,在模拟过程中重点关注立交隧道交叠位置结构的受力、变形随施工的变化规律。在布置测点时,以交叠断面为中心左、右各对称布置 7 组监测断面,总计 15 组监测断面,现以交叉断面右侧为例,分析下穿隧道支护结构各部位的受力和变形规律,自交叉断面起各监测断面编号为Ⅰ~Ⅷ,其中Ⅰ监测断面(即交叉断面)位于交叠段正下方,Ⅱ监测断面为上覆隧道侧墙与下穿隧道交叠位置,与Ⅰ监测断面相距 5.525 m,断面Ⅰ、Ⅱ间距为5.48 m,Ⅱ~Ⅷ监测断面间距为 6 m,断面与右边界间预留 3 m 距离以消除边界效应对监测数据的影响,左侧监测断面与右侧呈对称分布,这里不再赘述,监测断面布置图如图 7.2 所示。

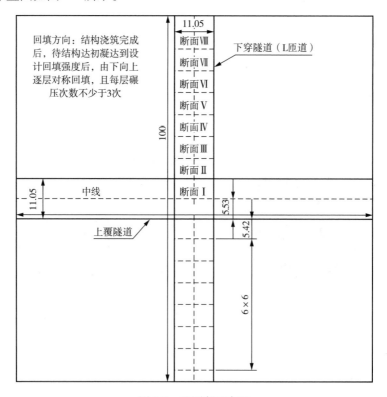

图 7.2　监测断面布置

7.2　隧道回填施工对下穿隧道的扰动影响

根据明挖垂直立交隧道回填施工过程及结果,分析下穿隧道支护结构随回填施工的受力、变形的演化规律,以寻求回填施工对下穿隧道沿纵向结构的力学特性的影响。

7.2.1　上覆隧道及填土作用对下穿隧道不同施工阶段结构位移的影响

90°垂直明挖立交下穿隧道位移云图如图 7.3 所示,为了分析上覆填土及隧道回填施工对下穿隧道位移的影响,在模型计算中将基坑开挖引起的地层位移清零,分析时仅考虑由上层填土及隧道回填引起的位移变化。为了更直观地展现出上覆填土及隧道施工对下穿隧道位移的响应规律,分别选取下穿隧道回填至上覆结构基底(阶段Ⅰ)、上覆结构施工(阶段Ⅱ)、回填施工完毕(阶段Ⅲ)3个典型位置,由于下穿隧道位移以 $x=0$ 处(断面Ⅰ)呈对称分布,则选取断面Ⅰ沿 Z 轴截取结构的一半分析其位移变化,如图 7.3 所示。

从图 7.3 中可以看出,受回填施工的影响下穿隧道以竖向变形为主,且越靠近交叠位置,变形越大。图 7.3(b)显示,当上覆隧道施工结束后,下穿隧道位移在交叉位置的一定范围内大幅增长,且随着远离交叉面而减小;图 7.3(c)显示,在回填结束后,以监测断面Ⅰ为原点,下穿隧道沉降沿远离交叉断面呈现"升高-降低"的变化趋势,而后逐渐趋于平稳。回填施工结束后,以下穿隧道中轴线为界,左侧一定范围内水平位移为正值,右侧一定范围内水平位移为负值。

为了分析回填施工对下穿隧道支护结构位移演化规律的影响,提取不同施工阶段(阶段Ⅰ、Ⅱ、Ⅲ)拱顶、左拱腰、右拱腰、拱底 4 个测点的垂直位移以及左、右拱腰水平位移,并绘制相关曲线,如图 7.4 所示。

从图7.4可以看出：

①在上覆隧道及填土作用的影响下，下穿隧道主要以竖向沉降为主，水平位移较小。以回填结束的阶段Ⅲ为例（下穿隧道各测点垂直位移分别呈现拱顶M形、拱底U形、拱腰W形，而左、右拱腰水平位移呈对称分布，右拱腰W形、左拱腰M形），拱顶和拱底垂直位移最大值分别为12.23 mm和4.52 mm，左、右拱腰垂直位移最大值分别为7.71 mm和7.63 mm，而左、右拱腰水平位移值仅为2.98 mm；各施工阶段下下穿隧道支护结构位移以位于交叠中心位置的断面Ⅰ为界，呈对称分布。

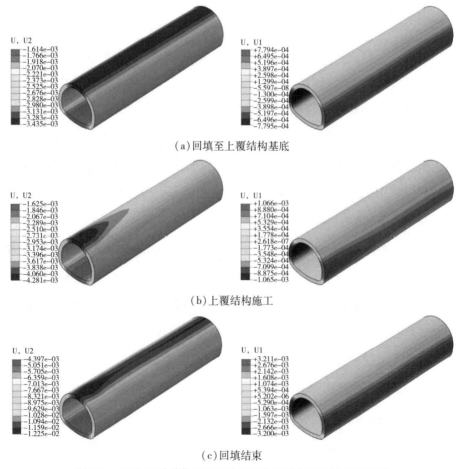

（a）回填至上覆结构基底

（b）上覆结构施工

（c）回填结束

图7.3　90°交叉隧道典型施工阶段下穿隧道支护结构位移云图

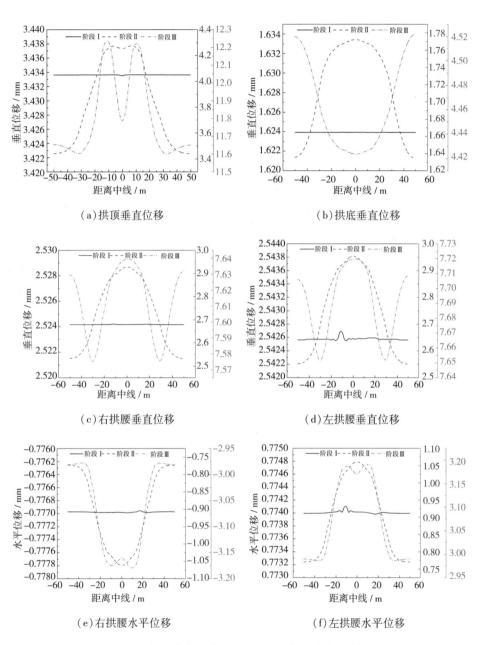

（a）拱顶垂直位移　　　　　　　（b）拱底垂直位移

（c）右拱腰垂直位移　　　　　　（d）左拱腰垂直位移

（e）右拱腰水平位移　　　　　　（f）左拱腰水平位移

图 7.4　90°交叉隧道不同施工阶段下下穿隧道支护结构位移

②下穿隧道位移在各个施工阶段呈现不同的变化趋势,但位于施工阶段Ⅰ隧道各部位测点位移均近似呈一条直线,而后施工阶段Ⅱ、Ⅲ呈现出不同的变

化规律,且隧道拱顶位移均大于其余测点位移,说明下穿隧道拱顶更容易受上覆隧道及填土施工作用的影响。

③图 7.4(a)、(b)中,以隧道交叉点为界,下穿隧道拱顶各施工阶段位移出现"升高-降低-平稳"的变化规律,从上覆结构施工(施工阶段Ⅱ)到回填结束(施工阶段Ⅲ),下穿隧道拱顶垂直位移峰值出现偏移;在施工阶段Ⅱ距离交叉点 5 m 处达到最大值 3.44 mm,此后,随回填施工继续进行,在施工阶段Ⅲ距离交叉点 10 m 位置达到最大值 12.23 mm,随后,随着不断远离交叉段面,最终位移值稳定在 11.65 mm。拱底各施工阶段位移则呈现相反变化规律,当回填至施工阶段Ⅱ时,拱底垂直位移达到最大值 1.773 mm,位于交叉点,且由交叉点向两端逐渐减小;而后隧道继续回填,回填结束后,拱底垂直位移最大值位于两端,其值为 4.52 mm,最小值为 4.23 mm,位于交叉点,拱底位移呈现出由交叉点向两端逐渐增大的变化规律。

④从图 7.4(c)、(d)可以看出,下穿隧道拱腰处垂直位移分布规律一致,以右拱腰为例,上覆结构施工结束后拱腰垂直位移由交叉点处最大值 2.93 mm 逐渐减小至稳定值 2.53 mm;当回填施工结束后,拱腰垂直位移呈现"降低-升高"的变化规律,在交叉点处达到最大值 7.64 mm,在距离交叉点处 30 m 处达到最小值 7.57 mm,而后逐渐增大。

⑤图 7.4(e)、(f)中,下穿隧道拱腰水平位移随上覆隧道及填土的施工呈现"升高-降低"的变化规律,以隧道中线为界呈对称分布,且左、右拱腰水平位移变化规律一致,这里以右拱腰为例进行分析,在上覆结构施工结束后,右拱腰水平位移峰值达到 1.062 mm,位于交叉点,而后随上覆填土的施工,峰值逐渐向外偏移,回填结束后最大值达到 3.18 mm,位于距离交叉点 5 m 位置。

⑥随着远离交叉点,回填施工对下穿隧道位移的影响强弱为:拱顶沉降、拱腰水平位移先增强后减弱,拱底逐渐增强,拱腰垂直位移呈现先降低后升高的变化趋势。

7.2.2　上覆填土及隧道不同回填施工阶段对下穿隧道支护结构应力的影响

受上覆填土及隧道回填施工的扰动,下穿隧道支护结构的应力也随之改变。为了更加直观地展现上覆填土及隧道回填施工对下穿隧道支护结构应力的响应规律,同样选取回填至上覆结构基底(阶段Ⅰ)、上覆结构施作(阶段Ⅱ)、回填结束(阶段Ⅲ)3 个阶段分析下穿隧道支护结构的应力,选取下穿隧道在 $x=0$ 处(断面Ⅰ)沿 Z 轴截取其结构的一半分析其应力变化。90°垂直明挖立交下穿隧道应力云图如图 7.5 所示。

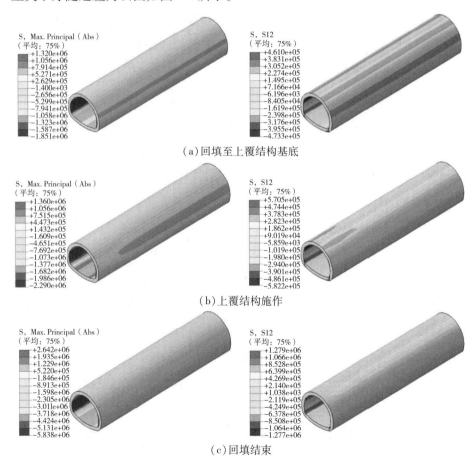

(a)回填至上覆结构基底

(b)上覆结构施作

(c)回填结束

图 7.5　不同阶段下穿隧道应力云图

从图 7.5 可以看出,整体上下穿隧道支护结构应力随上覆填土及隧道的施工而逐渐增大,且拱顶、拱底以受拉为主,左、右拱腰以受压为主,而拱腰处剪应力远大于拱顶和拱底。回填结束后,拱腰压应力最大值达到 5.84 MPa,剪应力最大值为 1.277 MPa,拱顶拉应力最大值为 2.64 MPa。

提取下穿隧道回填至上覆结构基底、上覆结构施作、回填结束 3 个施工阶段拱顶、拱底和左右拱腰处最大主应力及剪应力沿纵向变化的曲线,如图 7.6 所示,可以看出:

①下穿隧道支护结构拱顶和拱底以受拉为主,且上覆结构基底以下对下穿隧道回填的响应具有明显的一致性,均在一定范围呈现较小的波动性,但整体上结构应力处于稳定状态。以回填阶段 Ⅱ、Ⅲ 为例,拱顶和拱底应力随上覆隧道及填土回填呈现不同的变化规律,其中上覆结构施作时,拱顶最大主应力位于交叉点,约为 1.22 MPa,最大值分别位于距离交叉点-30 m、30 m 位置,呈对称分布,应力值约为 1.36 MPa,而拱底应力最大值位于交叉点处,约为 0.59 MPa,随后沿纵向逐渐减小直至平稳。回填结束后,在交叉范围-5 ~ 5 m 内,拱顶应力由交叉点沿纵向逐渐减小,分别在-5 m、5 m 位置达到应力最小值,均为 1.256 MPa,随后沿纵向逐渐增大直至达到稳定状态,在距离交叉点-30 m、30 m 位置达到峰值,均为 2.64 MPa;而拱底则关于交叉点呈对称分布,且呈现一定的波动式变化,以拱底左侧为例加以分析,拱底应力呈现"升高-降低-升高"的变化趋势,最小值位于距离交叉点 25 m 位置,值为 1.16 MPa。

②下穿隧道支护结构拱腰以受压为主,且上覆隧道及填土回填施工对左、右拱腰应力的响应规律具有明显的一致性。以右拱腰应力为例,在上覆结构及填土回填施工作用下,右拱腰应力关于交叉点呈对称分布,上覆结构基底以下回填,右拱腰应力未出现明显变化,这里不予分析,以交叉点为界,取右拱腰左侧加以分析,在上覆结构及填土回填施工作用下,右拱腰应力呈现"降低-升高-平稳"的变化趋势,在距离交叉点 10 m 时,各回填阶段右拱腰应力下降至最小值,随后逐渐增大,在距离交叉点 30 m 时达到最大值。

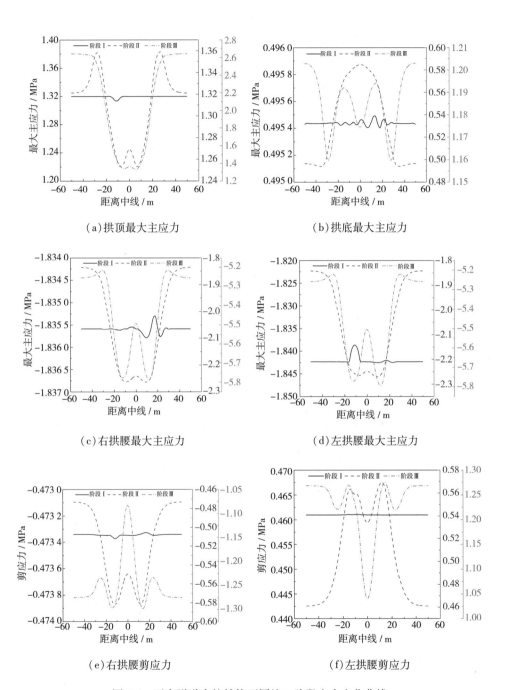

（a）拱顶最大主应力　　　　　　　（b）拱底最大主应力

（c）右拱腰最大主应力　　　　　　（d）左拱腰最大主应力

（e）右拱腰剪应力　　　　　　　　（f）左拱腰剪应力

图 7.6　下穿隧道支护结构不同施工阶段应力变化曲线

③下穿隧道支护结构左、右拱腰剪应力呈对称分布,且关于交叉点对称,这里以交叉点为界,右拱腰左侧剪应力为例,在上覆隧道及填土回填施工作用影响下,右拱腰剪应力整体呈现出"增大-减小-增大至平稳"的变化趋势。当回填结束后,右拱腰剪应力最小值为 1.08 MPa,位于交叉点,由交叉点沿纵向逐渐增大,在距离交叉点 10 m 位置达到剪应力最大值 1.27 MPa,随后逐渐减小,直至稳定。

7.3 现场试验研究

在重庆市照母山星光大道与金州大道延伸段节点改造工程回填施工过程中,由于明洞结构存在上覆、下穿等复杂空间分布特征,且涉及多种材料与不同结构形式间的相互作用,因此为保证回填过程中隧道结构的安全,有必要对复杂区域的结构变形、内力进行监测。为此,在结构交叉位置选择多个断面布置双模土压力盒、埋入式应变计等监测元件,同时采用智能读数仪收集监测数据,并加以分析,确保结构施工过程中的安全。

7.3.1 现场监测方案及实施

明挖立交隧道在实际回填过程中存在多断面、多层结构相交的情况,而在多结构相交、小净距的复杂断面中涉及多种回填材料与结构共同作用,因此,结构的受力较普通明挖隧道复杂,且既往研究表明大多数明挖隧道回填受施工扰动的影响较大。故处于多结构、多种材料共同作用下时,上覆隧道及填土的回填对下穿隧道的受力、变形产生较大的影响,最终可能影响下穿隧道结构的安全性和稳定性。因此,本节利用监测仪器对明挖立交隧道的内力及变形进行动态监测,最后通过分析上覆隧道及填土回填施工对下穿隧道内力时程变化数据,从而对结构整体的安全性和稳定性进行评估,并对结构内力、变形规律进行进一步研究。

　　通过分析结构设计图（图 7.7）并结合施工现场，对隧道断面进行复杂等级分级并确定监测断面。

　　①根据项目特点，结合结构监测断面确定监测项目并购买相应监测元件（表 7.2）。

　　②实时跟进项目施工进度，在相应监测断面布置监测元件，检测监测元件的灵敏度。

　　③根据时间进程实时测试结构数据并检测监测元件是否在施工时被损坏，若发现监测元件被损坏，应及时在邻近断面相同测点布置一组替补元件。

　　④对监测数据进行整理，分析结构的受力、变形规律，并对结构的安全性和稳定性进行评估。

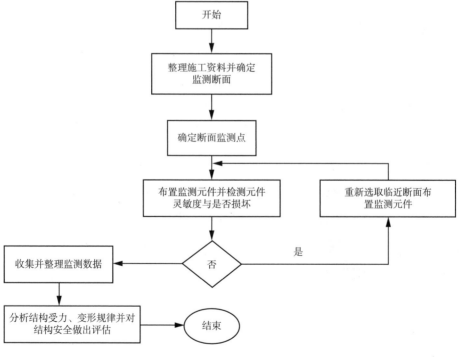

图 7.7　现场监测流程图

表 7.2 监测元件

监测元件	型号	量程	分辨率	厂家精度	备注
双模土压力盒	XHX420SW (2.0 MPa)	2.0 MPa	≤0.01%F.S	≤1%F.S	正弦智能型
埋入式应变计	XHX-115W	±1 500 με	1 με 或 0.1 Hz	≤3%F.S	
智能读数仪	XHY-ZH1	频率: 500~4 000 Hz 温度: −45~+125 ℃	频率:0.1 Hz 温度:0.25 ℃	频率:0.2 Hz 温度:±0.5 ℃	单弦型、 智能型
水工电缆	—	—	—	—	连接元件 与读数仪

7.3.2 监测断面及测点布置

为了监控重庆市照母山星光大道与金州大道延伸段节点改造工程明挖立交隧道下穿隧道受力、变形情况,结合项目隧道现场施工情况,在垂直交叉区域 LK0+480~LK0+530 段选取交叠部位下穿隧道 3 个断面布置测点。其中,以两隧道交叉点为监测断面 Ⅰ,并以断面 Ⅰ 为起始面沿下穿隧道(L 匝道)纵向前后对称布置 2 组对照监测断面,总计设置 3 组监测断面。各监测断面及测点布置如图 7.8 所示。

图 7.9 为下穿隧道(L 匝道)支护结构测点布置示意图,选取结构拱顶、左右拱腰及拱底外侧布置双模土压力盒,主要对回填过程中结构的接触土压力进行实时监测,在结构拱顶、拱底、左右拱腰及左右拱脚位置布置混凝土应变测试点,并将应变计绑扎在受压主筋内侧以及受拉主筋外侧。监测元件示意图及现场布置示意图如图 7.10、图 7.11 所示。

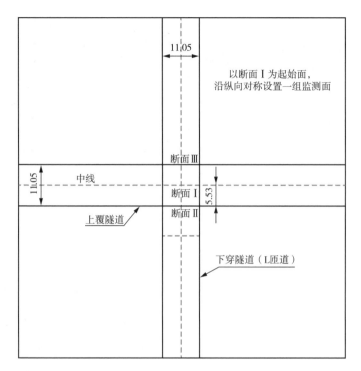

图 7.8　现场监测断面布置示意图

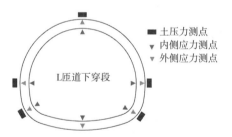

图 7.9　下穿隧道结构测点布置示意图

（a）埋入式应变计　　　（b）双模土压力盒　　　（c）智能读数仪

图 7.10　现场监测元件示意图

（a）L匝道监测段　　　　　　（b）监测元件布置　　　　　（c）监测元件布置细部

图 7.11　现场监测段及监测元件布置示意图

7.3.3　监测结果分析

位于 LK0+480～LK0+530 交叉区域的交叉段结构在 2021 年 8 月 15 日浇筑完成,但由于结构浇筑过程中混凝土的冲击和其他施工原因(移动模架的安装与拆卸、隧道洞内设施施工以及工人不规范操作等)造成部分仪器损坏,只获取到结构浇筑以及结构顶部部分回填引起的下穿隧道结构应变和接触土压力数据。下文主要分析交叉部位结构 2021 年 8 月 24 日至 2022 年 10 月 3 日的部分监测数据,监测频率见表 7.3。

表 7.3　监测频率表

序号	监测项目	监测时间间隔			
		1～30 d	30～60 d	60～90 d	>90 d
1	混凝土应变	3 d/次	5 d/次	5 d/次	9～10 d/次
2	接触土压力				

对现场下穿隧道支护结构混凝土应变测试数据进行统计后,绘制各监测断面[L-1(LK0+500)、L-2(LK0+519)、L-3(LK0+530)]测点应力时程曲线,为了便于分析结构不同时期应变变化规律,按结构不同施工阶段列出各阶段应变测试结果,如图 7.12 所示(其中 N1～N6 分别表示结构拱顶、右拱腰、左拱腰、右拱脚、左拱脚及拱底外侧测点,V1～V6 分别表示结构内侧各测点)。图中拉应变为正,压应变为负。需要说明的是:应变监测数据图中部分数据长时间趋于稳

定阶段,这是因为该监测时段结构停止回填施工。

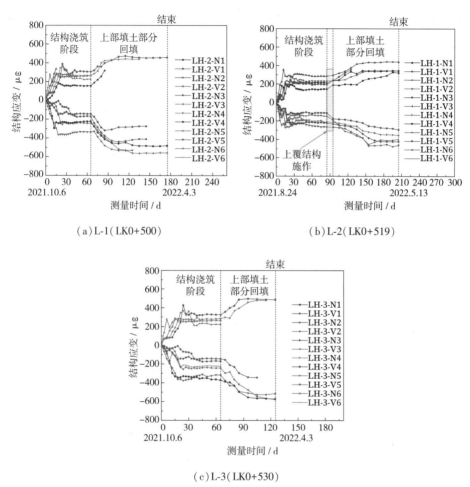

（a）L-1（LK0+500）

（b）L-2（LK0+519）

（c）L-3（LK0+530）

图 7.12　不同断面应变监测值

图 7.12 为明挖立交隧道下穿隧道不同监测断面支护结构应变监测值,其中 L-2（LK0+519）为交叉断面,L-1（LK0+500）、L-3（LK0+530）为交叉断面前后监测断面。可以看出:

①结构从浇筑直至模板拆除期间,由于混凝土的浇筑、模板拆除、养护、混凝土收缩徐变、结构自重等因素的影响,混凝土应变急剧增长,随后达到稳定值,且因回填施工进度的影响,混凝土应变未出现急剧变化。

②在后续回填阶段,3个断面结构混凝土应变出现不同变化趋势,其中 L-2 (LK0+519)在上覆结构施作时,拱顶混凝土应变变化较剧烈,随后上覆结构两侧及顶部回填时拱顶应变缓慢增长,而 L-1(LK0+500)、L-3(LK0+530)断面各测点混凝土应变随上覆填土回填缓慢增长,说明上覆结构的施作使交叉断面出现应力集中现象,导致下穿隧道结构处于受力不利状态,而后随着上覆结构两侧及顶部回填,这种不利状态得到一定改善。

③总体来说,在结构浇筑、养护以及上覆隧道及填土回填期间,拱腰处应变较其他测点大,由此表明,交叉点上覆隧道及填土的回填施工对下穿隧道拱腰处的影响较为显著。

④从下穿隧道3个不同结构断面混凝土应变监测情况来看,在上覆隧道及填土回填施工阶段,断面 L-2(LK0+519)各测点应变与另外两个断面相比较小,且随着上覆荷载逐渐增加,使下穿隧道压应力逐渐增大,其中拱腰处应变变化较明显,且表现为受压增大、受拉减小,监测结束后在测点 L-1-N3、L-2-V3、L-3-V3 处达到最大压应变,分别为 -524 με、-465 με、-549 με。

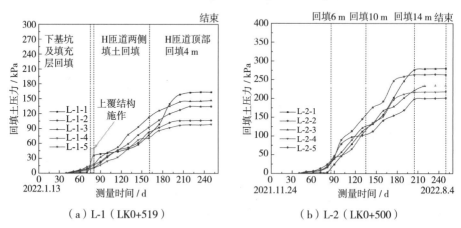

（a）L-1（LK0+519）   （b）L-2（LK0+500）

图 7.13   不同断面土压力监测值

图 7.13 为不同监测断面下穿隧道支护结构土压力监测值,其中断面 L-3 (LK0+530)因疫情影响,未能及时安装土压力盒。可以看出:

①总体上监测断面 L-1(LK0+500)、L-2(LK0+519)结构各测点土压力变化

规律具有明显的一致性,均随上覆隧道及填土的回填施工呈现增长的趋势。

②对比断面 L-1(LK0+500)、L-2(LK0+519)不同施工段土压力监测值可以发现,下穿隧道两侧回填时,随着回填量的不断增加,结构拱腰、拱脚及拱底处土压力逐渐增大,而拱顶土压力变化较小。

③从图 7.13(a)中可以看出,交叉断面下穿隧道拱顶土压力出现 3 个不同阶段的变化规律:第一阶段,上覆隧道施作时,拱顶土压力出现突增;第二阶段,上覆隧道(H 匝道)两侧填土回填,拱腰、拱脚及拱底处土压力较拱顶增长较快;第三阶段,H 匝道顶部填土回填时,下穿隧道拱顶土压力增长较其余测点快,且在 H 匝道顶部覆土高度 4 m 时土压力值为 163.24 kPa。

④图 7.13(b)L-2(LK0+500)为交叉断面临近断面,可知,在上覆荷载作用下,各测点土压力大小为拱顶>拱腰>拱脚,且各测点土压力较接近,说明下穿隧道结构受力处于有利状态。

7.3.4　数值模拟与现场试验结果对比分析

采用数值模拟分析明挖立交隧道下穿隧道支护结构施工力学效应,模拟过程中不考虑现场器械碾压及结构上覆临时荷载堆积等外部影响因素对结构受力的影响。因此,数值模拟是一种趋于理想化的研究方法,并不能准确地复现明挖立交隧道下穿隧道支护结构受实际施工影响下的受力情况,只能在结构受力变化上呈现近似规律,且模拟所得结构应力值与现场实测应力值具有一定的差距。为了进一步验证数值模拟中下穿隧道支护结构受力规律的准确性,以现场监测数据为基准,将数值模拟得出的结构应力结果与现场监测获取的应力结果进行对比验证。

现场试验中,采用混凝土应变计对隧道交叉断面及邻近两个断面进行结构应变监测,为了便于对比分析,将现场监测应变换算成应力[现场实测应变应力换算式(7.3)],并在数值模拟中截取同位置断面应力进行比较分析。值得注意的是,现场监测断面 L-1(LK0+500)、L-3(LK0+530)获取的结构应变不全,因此仅以交叉断面结构(拱顶、右拱腰、左拱腰、拱底)压应变换算呈结构应力与数值模拟结果进行对比分析,各断面计算值见表7.4。

$$\sigma = E\varepsilon \tag{7.3}$$

式中　　σ——结构换算应力,MPa;

　　　　E——混凝土弹性模量,MPa;

　　　　ε——结构外荷载引起的应变。

表7.4　现场实测值与数值模拟对比

交叉断面结构	拱顶	右拱腰	左拱腰	拱底
现场实测结果/MPa	4.22	−7.49	−7.12	3.47
数值模拟结果/MPa	1.36	−5.74	−5.78	1.19
相差百分比/%	210.3	30.49	23.2	191.6

从表7.4中可以看出,现场实测数据与数值模拟结果存在一定的偏差,这是由于现场实际施工受外界因素(器械碾压、临时堆载、填土摊铺等)的影响较大,而数值模拟考虑得比较理想;整体上,数值模拟结果较准确,其结构最大受力点均位于拱腰处,拱顶、拱底受力较小。

第8章　明挖立交隧道下穿隧道承载力可靠度分析

隧道结构的安全系数和可靠度指标是检验隧道结构及衬砌系统安全性的重要指标,在明挖立交隧道施工过程中,考虑隧道结构采用现浇的方式,其尺寸、材料性能、保护层厚度等各项参数具有极大的不确定性。另外,岩土材料的性能参数和环境随机变量作用的不确定性,都会对结构的安全性造成影响。为了定量评价这些不确定因素对隧道结构安全的影响。本章基于 Monte-carlo 模拟方法从隧道功能要求的安全性和稳定性出发,构建隧道功能函数,选用抗弯承载力表征结构的安全性。

8.1　结构可靠度基本理论

8.1.1　结构可靠度

实际工程中,为了考虑环境随机变量、结构材料性能参数、岩土性能参数等不确定性对结构可靠度的影响,通常将结构可靠度的影响因素考虑为随机变量,结构的某项功能即可表示为随机变量或随机过程的函数,其计算式为:

$$Z = g(x_1, x_2, \cdots, x_n) \tag{8.1}$$

式中　$x_1, x_2, \cdots, x_n$——影响功能函数的随机变量或随机过程。

结构的工作状态判定准则如下：

①当 $Z = g(x_1, x_2, \cdots, x_n) > 0$ 时,结构可靠;

②当 $Z = g(x_1, x_2, \cdots, x_n) = 0$ 时,结构处于极限状态;

③当 $Z = g(x_1, x_2, \cdots, x_n) < 0$ 时,结构失效。

一般将 $Z = g(x_1, x_2, \cdots, x_n)$ 称为结构的极限状态方程。在实际工程中,通常将影响结构功能的随机变量简化为两个综合随机变量,即 R 和 S,其中 R 表示结构抗力(由材料、结构尺寸、形式等决定的结构广义抗力,包括结构抗弯、抗压承载力),S 表示结构的作用效应(由外荷载直接作用或间接作用对结构产生的效应)。其计算式为:

$$Z = g(R, S) = R - S \qquad (8.2)$$

8.1.2　结构可靠概率与失效概率

根据概率论,一般将结构完成某一项功能的概率,即随机事件 $P(Z > 0)$ 或 $P(Z(t) > 0)$ 表示结构可靠概率 P_s,通过积分计算得到可靠概率,见式(8.3)。而将随机事件 $P(Z < 0)$ 表示结构的失效概率 P_f,通过积分计算得到失效概率。其计算式为:

$$P_s = \int \cdots \int_{Z > 0} g(x_1, x_2, \cdots, x_n) \, dx_1, dx_2, \cdots, dx_n \qquad (8.3)$$

$$P_f = \int \cdots \int_{Z < 0} g(x_1, x_2, \cdots, x_n) \, dx_1, dx_2, \cdots, dx_n \qquad (8.4)$$

根据式(8.3)、式(8.4)可得式(8.5):

$$P_s(Z > 0) + P_f(Z \leq 0) = 1 \qquad (8.5)$$

显然结构的可靠率与失效率存在互补关系,见式(8.6):

$$P_s = 1 - P_f \qquad (8.6)$$

8.1.3　可靠度指标

对于隧道结构,由结构的抗弯承载能力受多个随机变量的共同影响导致其功能函数难以通过显示方法求解。根据式(8.6)可靠概率的计算定义,可靠度的计算需要进行多重积分,计算过程比较复杂,Cornell C A 在 1969 年提出用可靠度指标表示结构的可靠度,简化了可靠度的计算,可靠度指标计算式为:

$$\eta = \frac{\overline{Z}}{\sigma_Z} \tag{8.7}$$

式中　η——可靠度指标;

　　　$\overline{Z}$——功能函数的均值;

　　　σ_Z——功能函数的方差。

在实际工程中,影响隧道结构可靠度的随机变量并不都满足正态分布,此时直接通过积分计算结构可靠度指标比较困难,因此需要将随机变量正态化,这里采用 Rackwitz 和 Fiessler B(1978)提出的等效正态变量法将非正态变化的随机变量用正态分布代替,为保证正态化后可靠度指标不改变,假设正态化前任意随机变量的累计概率密度分布函数$f_x(x_i)$和概率重度函数$F_x(x_i)$与正态化后保持不变,假设非正态随机变量均值为$\overline{x}$,方差为σ_{x_i},据此可求出正态化后随机变量的均值$\overline{x}'$和方差σ'_{x_i},有:

$$f_x(x_i) = \frac{1}{\sigma'_{x_i}} \phi\left(\frac{x_i - \overline{x}'}{\sigma'_{x_i}}\right) \tag{8.8}$$

$$F_x(x_i) = \phi\left(\frac{x_i - \overline{x}'}{\sigma'_{x_i}}\right) \tag{8.9}$$

根据式(8.8)、式(8.9)计算可得正态化后的随机变量均值,$\overline{x}'_i = x_i - \sigma'_{x_i} \phi^{-1}[F_x(x_i)]$,方差$\sigma'_{x_i} = \frac{\varphi\phi^{-1}[F_x(x_i)]}{f_x(x_i)}$,其中,$\phi^{-1}$为正态概率重度函数的反函数,$\phi$为正态概率重度函数,$\varphi$为正态概率累计函数。通过上式求解得$\overline{x}'_i$、$\sigma'_{x_i}$后,可求得结构可靠度指标$\eta' = \frac{\overline{x}'_i}{\sigma'_{x_i}}$。结构失效概率的计算式为:

$$P_f = \phi(-\eta') \tag{8.10}$$

在结构可靠性设计中,结构的安全均可通过可靠度指标η'或安全系数 K 来反映。在全世界范围内,许多国家的相关部门针对不同的结构类型制订了相应的可靠度指标,以供工程设计者参考。

由 ACI 负责起草的 *Building Code Requirements for Structural Concrete*（*ACI 318-19*）*and Commentary*（*ACI 318R-19*）中推荐混凝土结构设计采用概率极限状态设计法。对于设计使用年限为 100 年的隧道结构,建议取 $\eta' = 3.0$;针对脆性破坏、传力途径及难以检修和维护的结构,可靠指标应予以提高。

我国通过总结工程实践经验并结合各类工程特点,以此为基础,编制并颁布了《公路工程结构可靠性设计统一标准》（JTG 2120—2020）,该标准中规定了公路桥涵、隧道结构、公路路面结构的承载能力极限状态目标可靠度指标。在进行公路桥涵与隧道结构承载能力极限状态设计时,其目标可靠度指标不应小于表 8.1 中所规定的限值。

表 8.1　公路桥涵与隧道结构的承载能力极限状态目标可靠度指标

结构或构件破坏类型	结构安全等级		
	一级	二级	三级
延性破坏	4.7	4.2	3.7
脆性破坏	5.2	4.7	4.2

8.2　基于 Monte-carlo 法的结构承载力可靠度分析

8.2.1　Monte-carlo 模拟计算方法

Monte-carlo 法是一种基于"随机抽样"的试验统计法,又称为随机模拟法,它需要对随机样本空间进行样本采集来获取结构功能函数的统计信息,进而以样本来表征总体,获取结构失效概率。由于 Monte-carlo 法不受结构功能函数、随机样本个数及其分布方式的影响,故被广泛使用。但因其计算体量过于庞大,所以对复杂结构进行分析时具有一定的困难。

该方法主要针对待解决的实际问题建立一个容易计算的概率统计模型或随机过程模型,通过随机变量的分布特征进行大量随机试验。首先在空间上生成足够的样本;其次将生成的样本代入功能函数得到结果,并不断重复;最后对结果进行统计分析,基于结构失效频率来获取结构失效概率。

区别于显示计算对失效概率的定义,在利用 Monte-carlo 随机模拟法对功能函数的 N 次模拟结果中,存在 n 次 $Z<0$,则由大数据定律可知,随机事件 $Z<0$ 在 N 次独立试验中的频率 n/N 收敛于该事件的概率 P_f。则当 N 足够大时,则有:

$$P_f = \frac{n}{N} \tag{8.11}$$

建立失效概率与结构可靠度指标的关系,可通过 P_f 求得可靠度指标 η':

$$\eta' = -\phi^{-1}(P_f) = 1 - \phi^{-1}(P_f) \tag{8.12}$$

8.2.2　随机变量的统计特征及样本的生成

已知随机变量分布方式,可以通过逆函数转换法得到服从某一概率分布的分布函数区间点,即样本 x_i。以随机变量样本服从正态分布为例,服从某一概率 p_i 分布的样本 x_i 计算公式可表示为 $x_i = \mathrm{NORMINV}(p_i, \mathrm{mean}, \mathrm{Standard\_dev})$。生成随机变量时,可以借助 RAND( ) 函数生成一串在区间 $[0,1]$ 上均匀分布的随机实数,以代替未知某一未知概率值 p_i。

由既往研究可知,该结构在使用期内的不确定性因素主要有几何尺寸、材料以及荷载作用 3 种因素。考虑上覆荷载改变对立交隧道结构的影响,在进行结构可靠度分析时,主要考虑以下参数对结构可靠度的影响,并通过查阅相关文献及规范统计了这些参数的分布方式、均值和变异系数,详见表 8.2、表 8.3。

表 8.2　结构抗力计算参数

参数	分布方式	均值	变异系数/%
钢筋直径	正态	20 mm	10

续表

参数	分布方式	均值	变异系数/%
钢筋抗压强度设计值	正态	360 MPa	17.5
钢筋抗拉强度设计值	正态	360 MPa	17.5
混凝土轴心抗压强度设计值	正态	19.1 MPa	5
混凝土轴心抗拉强度设计值	正态	1.71 MPa	10
保护层厚度	正态	50 mm	5

表 8.3　荷载作用计算参数

参数	分布方式	均值	变异系数/%
q	正态	376 MPa	15
侧压力系数	正态	0.6	5
内摩擦角	对数正态	33°	16

8.2.3　明挖立交隧道下穿隧道可靠度计算

在设计明挖立交隧道时,其空间位置关系往往较为复杂且涉及多种材料混合回填的情况,导致下穿隧道结构的受力模式不明确。在设计中,通常采用较为保守的结构设计方案,导致其经济性不佳。既往研究表明,大多数隧道结构失效模式为受弯破坏。故在上覆隧道及填土共同作用条件下,回填施工对下穿隧道截面承载能力会产生较大影响。隧道结构作为钢筋混凝土构件,混凝土抗压性能远强于抗弯性能,故选用结构抗弯极限承载能力构建极限状态方程。本节基于整体可靠度理念,利用 Monte-carlo 法对上覆隧道及填土共同作用下的下穿隧道抗弯承载力进行模拟。最后通过计算得到整体结构的失效概率和可靠度指标,从而对结构整体可靠性变化规律做进一步研究。

(1)下穿隧道结构失效模型的功能函数

结构的失效可采用极限状态方程来表示,即

$$Z = g(R,S) = R(x_1, x_2, \cdots, x_n) - S(x_1, x_2, \cdots, x_n) \tag{8.13}$$

式中　R——广义抗力;

　　　S——广义荷载。

(2)结构抗弯承载失效模型的功能函数

结构的极限承载力可认为是反映结构安全的一个界限值,作为钢筋混凝土构件,其结构的抗压性能远强于抗弯性能,因此,选用结构抗弯承载建立其功能函数模型,即

$$Z = M_u(x_1, x_2, \cdots, x_n) - M(x_1, x_2, \cdots, x_n) \tag{8.14}$$

式中　$x_1, x_2, \cdots, x_n$——随机变量;

　　　$M_u(x_1, x_2, \cdots, x_n)$——结构抗弯承载力,kN·m;

　　　$M(x_1, x_2, \cdots, x_n)$——由外荷载引起的荷载效应。

下穿隧道结构的极限抗弯承载力主要受结构保护层厚度、混凝土抗压强度、截面宽度、受压区钢筋总截面积等的影响,可根据《混凝土结构设计标准(2024 年版)》(GB/T 50010—2010)计算获得,其计算式为:

$$M_u = \alpha_1 f_c bx\left(h_0 - \frac{x}{2}\right) + f'_y A'_s(h_0 - a'_s) \tag{8.15}$$

式中　M_u——结构抗弯承载力,kN·m;

　　　α_1——系数,当混凝土强度等级不超过 C50 时取 1.0,当混凝土强度等级

　　　　　为 C80 时取 0.94,期间按线性内插法确定;

　　　f_c——混凝土轴心抗压强度设计值;

　　　b——截面宽度;

　　　x——混凝土受压区高度,需满足 $2a'_s \leqslant x \leqslant \zeta_b h_0$;

　　　h_0——截面有效高度;

　　　f'_y——钢筋抗拉强度设计值;

　　　a'_s——钢筋合力点到受压区边缘距离;

　　　A'_s——受压区钢筋纵向截面面积;

　　　ζ_b——相对界限受压区高度。

下穿隧道结构可靠度可按以下流程计算,如图 8.1 所示。

①确定功能函数中各随机变量的统计信息,并明确其结构与随机变量的关系,若随机变量不服从正态分布,可按式(8.8)正态化。

②通过式(8.15)整理获得结构抗力 $M_u(x_i)$ 的解析解,并结合有限元计算获得作用效应 $M(x_i)$,进而整理求解得功能函数 Z 的解析解。

③基于 Monte-carlo 法计算得到不同影响因素的结构抗力系数,并计算得到对应可靠度指标 η'。

④对结构的可靠度指标与目标可靠度指标进行对比分析,并进行结构安全评估。

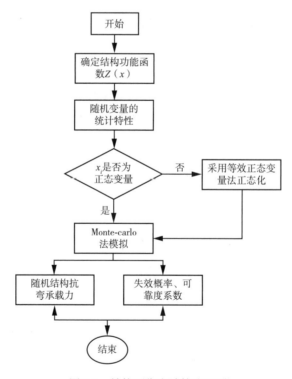

图 8.1　结构可靠度计算流程图

本节以第 7 章垂直交叉隧道中的下穿隧道截面配筋方式为例(结构配筋方式如图 8.2 所示),分析了在上覆矩形隧道和上部覆土共同作用下,下穿隧道结构的可靠度。以 15 000 组随机变量对功能函数结果进行模拟。图 8.3 为下穿隧道结构抗力功能函数值的分布情况,通过拟合曲线图可以看出,其功能函数数值基本服从正态分布。图 8.4 为其概率密度曲线对应的功能函数值,概率密度曲线峰值对应均值。

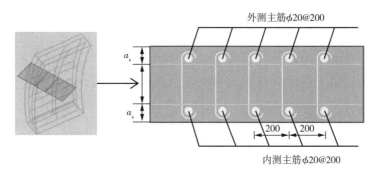

图 8.2　下穿隧道配筋图

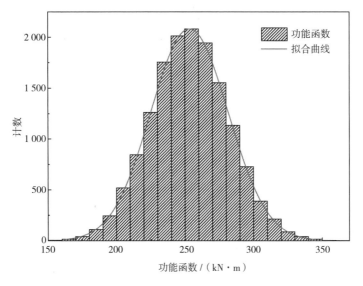

图 8.3　功能函数分布检验

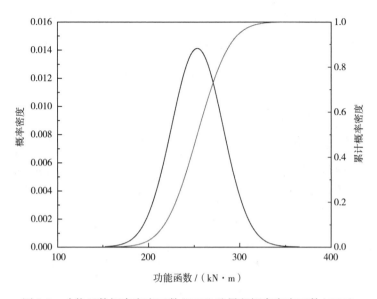

图 8.4　功能函数概率密度函数(PDF)及累积概率密度函数(CDF)

第9章　复杂城市明挖立交隧道建设效益分析

9.1　工程效益

经应用证明,采用本课题研究的回填材料和回填方案在极大程度上控制了明挖回填过程中对周围敏感地层、既有建(构)筑物和土层的影响,保证了施工过程中的安全性,加快了施工进度,节约了工程成本,缩短了工程建设周期。

深厚区(最大深度32 m)地下隧道结构上方受压严重,易引起隧道结构的沉降和不均匀沉降,是本工程质量影响的一个关键因素。相较于常规的明挖隧道关键技术,优化回填材料(砂卵石、泡沫轻质土)、采用自密实混凝土浇筑隧道结构,既保障了隧道结构质量,同时也减少了隧道结构及深厚区回填体后期沉降而产生的一系列质量缺陷问题,使隧道变形均满足控制要求。

通过现场分析,深厚区隧道结构断面不规律性较大,在优化回填材料及浇筑材料的前提下,首先采用新型盘扣支架搭设模板支架,减少衬砌台车的投入,节约费用143万元。其次向业主单位提出优化回填材料,并成功运用泡沫轻质土及砂卵石回填,变更优化方案共计3 365万元,实际发生成本3 023万元,盈利342万元。最后相较于深厚区常规土夹石回填,减少了后期质量缺陷的处理风险,按业主合同质量保证金的3%估算,预期减少处理缺陷成本100万元。以上总计,在初步计算节约施工成本费用243万元的同时为项目盈利342万元。

图 9.1   通车后全景图

9.2   社会效益

相较于常规的明挖隧道关键技术,本段深厚区采用室内试验对多种回填材料的物理力学特性进行研究,通过数值模拟、现场监测等手段对泡沫轻质土、自密实混凝土、砂卵石土回填等关键技术对隧道结构的影响进行了研究。

实践证明,采用本工法极大地提高了隧道结构及回填质量,同时减少了沉降对隧道结构及地面车行道的影响。在市政工程中,隧道结构钢筋密集,保障了混凝土浇筑质量,是隧道结构施工的关键,减少深厚区回填材料对隧道结构变形和自身回填体沉降的影响是至关重要的。通过隧道实体检测和洞内地表沉降观测,相较于常规地段,沉降点变形比未采取本工法地段减少近一半,解决了深厚区多层结构并行的质量及沉降回填问题,并完成了节点工期目标,保证了隧道施工进度,对类似的深厚区明挖隧道回填施工提供了借鉴和指导意义。

项目建成后(图9.2),星光大道向南连接渝澳大桥至渝中区,然后南经菜园坝大桥继续向南延伸至南岸、巴南区,向北经金山寺大桥和水土大桥接入水土组团,直接连接观音桥商圈、财富中心、礼嘉商务区及蔡家中心区,将快速提升星光大道南北向道路交通的连通性,缓解周边路网交通压力,并为远期渝蓉高速连接道的实施预留条件,将进一步强化区域互联互通,构建内畅外联、快捷高效的综合交通体系,推进主城都市区高质量发展。

图 9.2　竣工后全景图

参考文献

［1］黄宣明.大型地下立交隧道施工技术探讨［J］.地下空间与工程学报,2007,3
　　（4）:765-769.

［2］胡学兵.地下立交设计施工关键技术研究［J］.公路交通技术,2012,28(3):
　　91-95.

［3］佚名.我国最大规模的城市地下交通工程竣工［J］.隧道建设,2014,34
　　（1）: 18.

［4］周关艺.长沙市营盘路湘江隧道围岩稳定性分析与评价［D］.湘潭:湖南科
　　技大学,2015.

［5］崔健武.明挖隧道跨地铁施工方法研究:以苏州城北路隧道跨地铁2号线为
　　例［D］.南京:东南大学,2017.

［6］吕刚,刘建友,张民庆,等.京张高铁八达岭长城站超大跨隧道变形控制标准
　　研究［J］.铁道标准设计,2020,64(1):34-39.

［7］欧孝夺,吴红营,黄颂扬,等.超大断面箱形明挖隧道施工监测与力学特性分
　　析［J］.土木工程学报,2013,46(7):133-140.

［8］蒋树屏,石波,林志,等.大型地下立交正交下穿段三维有限元数值分析［J］.
　　隧道建设,2011,31(3):273-277.

［9］靳晓光,张宪鑫,李勇,等.大型地下立交动态施工过程3D有限元分析［J］.
　　地下空间与工程学报,2009,5(2):215-219.

[10] 闫自海,章立峰,路军富,等.城市地下立交隧道交叉口施工方法研究[J].现代隧道技术,2019,56(1):176-184.

[11] 黄俊,杨奎,董飞,等.城市地下立交隧道运营期渗漏水病害研究[J].隧道与轨道交通,2023(S1):119-123.

[12] 许艳林.城市地下立交设计施工关键技术[J].城市道桥与防洪,2017(10):1-5.

[13] 吴胜忠.城市核心区地下道路立交大跨分岔隧道结构与选型[J].公路交通技术,2018,34(B09):126-132.

[14] 杨延洪,邓道祥,施林,等.城市隧道和地下立交在城市核心区的应用[J].交通世界,2018(21):14-17.

[15] 杨三资,张顶立,苏洁.基于数值模拟的北京地区地下道路立交隧道围岩变形分析[J].土木工程学报,2016,49(S2):103-106.

[16] 杜伟.大跨度明挖现浇隧道工程结构抗震分析[J].内江科技,2022,43(12):69-70.

[17] 陈英振.明挖现浇隧道大体积混凝土开裂风险评估分析[J].交通科技与管理,2023,4(10):105-107.

[18] 宋子鹏.明挖现浇隧道防水体系实施简析[J].港工技术,2021,58(6):82-86.

[19] 周欣,李明,谢彪,等.水下明挖现浇隧道低温升高抗裂混凝土制备与应用[J].混凝土,2021(6):145-148,154.

[20] 任冬生.地下工程明挖现浇混凝土结构施工缝防水设计[J].中国建筑防水,2020(9):26-30.

[21] 陈飞.明挖综合管廊模板台车整体浇筑施工技术[J].价值工程,2024,43(11):75-78.

[22] 吴博.明挖现浇法城市地下管廊施工技术研究[J].绿色环保建材,2019(3):143-144.

［23］王成.隧道工程［M］.北京：人民交通出版社，2009.

［24］王梦恕，等.中国隧道及地下工程修建技术［M］.北京：人民交通出版社，2010.

［25］欧孝夺，吴红营，黄颂扬，等.超大断面箱形明挖隧道施工监测与力学特性分析［J］.土木工程学报，2013，46（7）：133-140.

［26］陈良杰.明挖隧道施工与运营安全分析及监测系统研究［D］.哈尔滨：哈尔滨工业大学，2019.

［27］王祥秋，蔡斌，刘文添.软土地层明挖隧道渗流-卸荷耦合力学特性分析［J］.中外公路，2015，35（5）：16-19.

［28］黄明琦，张明聚，李云超.厦门海底隧道明洞回填前后结构安全性分析［J］.北京工业大学学报，2008，43（3）：265-270.

［29］杨茜.盾构隧道纵向不均匀沉降及实时监测方法研究［D］.北京：北京交通大学，2013.

［30］李兴国，陈立强，赵东寅.基于 ANSYS 荷载结构法的浅埋明挖隧道受力分析［J］.采矿技术，2008，8（3）：37-39.

［31］黄宏伟，臧小龙.盾构隧道纵向变形性态研究分析［J］.地下空间与工程学报，2002，22（3）：244-251.

［32］李明，严松宏，李盛，等.采用泡沫轻质土对高填明洞二次回填的结构受力特性研究［J］.铁道学报，2022，44（2）：135-142.

［33］余大龙，舒东利，廖余，等.填方高度对明洞衬砌运营安全的影响研究［J］.施工技术（中英文），2022，51（10）：50-53.

［34］周广平.京张高铁东花园长大明挖隧道衬砌结构变形特征研究［J］.隧道建设（中英文），2020，40（3）：316-325.

［35］黎康.渝利铁路高填方深基础明洞结构力学特性研究［J］.高速铁路技术，2020，11（3）：79-84.

［36］徐湉源，王明年，于丽.高填方双层衬砌式明洞土压力和结构内力特性研究［J］.铁道学报，2019，41（2）：146-153.

［37］OKAMURA H,OUCHI M.Self-compacting concrete［J］.Journal of Advanced Concrete Technology,2000,1(1):5-15.

［38］陈建奎,王栋民.高性能混凝土(HPC)配合比设计新法:全计算法［J］.硅酸盐学报,2000,28(2):194-198.

［39］胡敏.砂卵石土物理力学特性及盾构施工响应的数值模拟研究［D］.广州:华南理工大学,2014.

［40］周光军,徐慧,何先宇,等.考虑砾石颗粒形状及含量影响的砂-砾石混合物离散元模拟直剪试验［J］.科学技术与工程,2022,22(27):12084-12093.

［41］韩志洋,曹志翔,黄开放.基于离散元模拟的土石混合体剪切与变形特性研究［J］.中国农村水利水电,2023(5):238-244.

［42］CUNDALL P A,STRACK O D L.A Discrete Numerical Model for Granular Assemblies［J］.Géotechnique,1979,29(1):47-65.

［43］POTYONDY D O,CUNDALL P A.A Bonded-Particle Model for Rock［J］.International Journal of Rock Mechanics and Mining Sciences,2004,41(8):1329-1364.

［44］王赫.基于三维离散单元法的级配碎石动三轴数值试验研究［D］.西安:长安大学,2017.

［45］许江波,曹宝花,余洋林,等.基于PFC3D的黄土三轴试验细观参数敏感性分析［J］.工程地质学报,2021,29(5):1342-1353.

［46］柴晓雨.基于离散单元法的砂卵石土体细观特性及宏观应用研究［D］.烟台:鲁东大学,2019.

［47］曾军.基于离散元模拟试验的路基砂土抗剪强度研究［J］.工程建设,2021,53(4):26-31,63.

［48］董建鹏,李辉.黄土颗粒流宏细观对应关系与参数标定方法研究［J］.水利水电技术(中英文),2022,53(4):180-191.

［49］江华,张晋勋,苏一冉,等.基于PFC3D的北京砂卵石地层盾构刀盘选型及

刀具布置数值模拟研究[J].机械工程学报,2021,57(21):279-288.

[50] 罗洋.基于PFC3D的不规则颗粒土石混合体宏细观三维静动力特性分析 [D].成都:西南交通大学,2021.

[51] 周玉县,梁亦垅,黄晓锋.球形颗粒流数值模拟宏细观力学强度参数相关性 研究[J].科学技术与工程,2015,15(22):61-67.

[52] 李灿,邱红胜,张志华.基于PFC3D的粗粒土三轴试验细观参数敏感性分 析[J].武汉理工大学学报(交通科学与工程版),2016,40(5):864-869.

[53] 谢永辉.砂卵石力学参数确定方法研究[D].成都:西南石油大学,2016.

[54] 王桂萱,鞠碧玉,秦建敏.土-结构接触界面的宏细观参数敏感性分析[J]. 扬州大学学报(自然科学版),2020,23(3):44-50.

[55] 王晋伟,迟世春,邵晓泉,等.正交-等值线法在堆石料细观参数标定中的应 用[J].岩土工程学报,2020,42(10):1867-1875.

[56] 陈坤,廖良健,朱瑞,等.煤系土离散元模型宏细观参数标定及其敏感性分 析[J].南昌工程学院学报,2023,42(1):39-44.

[57] 黄清猷.填埋式地下圆形结构物周边土压力分布的有限元解[J].土木工程 学报,1982(3):52-63.

[58] 吴文峰.地下埋管的受力分析及结构优化研究[D].南京:河海大学,2001.

[59] GIROUD J P. Determination of geosynthetic strain due to deflection [J]. Geosynthetics International,1995,2(3):635-641.

[60] SHUKLA S K,SIVAKUGAN N. Analytical expression for geosynthetic strain due to deflection[J].Geosynthetics International,2009,16(5):402-407.

[61] NIETO A S,RUSSSLL D G.Sinkhole Development in Windsor Detroit Solution Mines and the Roleof downward Mass Transfer in Subsidence [J].In Situ, 1984,8(3):293-327.

[62] STEVIC M,JASAREVIC I,RUMIZ F.Arching in Hanging Walls over Leached Diposits of RockSalt [J]. Proceedings of International Congress on Rock

Mechanics,1979,1(5):402-407.

[63] 中华人民共和国住房和城乡建设部.建筑结构荷载规范:GB 50009—2012 [S].北京:中国建筑工业出版社,2012.

[64] 中华人民共和国交通运输部.公路隧道设计细则:JTG/T D70—2010[S].北京:人民交通出版社,2010.

[65] 杜科锭,郝坤.匝道隧道明挖上跨轨道隧道的数值模拟研究[J].公路交通技术,2019,35(4):94-99.

[66] 邓磊.矩形隧道衬砌结构优化数值模拟分析[J].市政技术,2020,38(6):152-156.

[67] 李晓军,杨正旭,黄锋,等.浅埋大断面小净距隧道支护受力特性实测与模拟研究[J].科技和产业,2022,22(8):309-314.

[68] 张祖迪,王玉锁,姚庆晨,等.复杂明挖并行隧道群施工沉降控制技术研究[J].现代隧道技术,2021,58(S1):319-325.

[69] 韩兴博,叶飞,夏天晗,等.在役隧道环境侵蚀下管片承载能力概率劣化模型[J].中国公路学报,2022,35(1):49-58.

[70] 张晋彰,黄宏伟,张东明,等.考虑参数空间变异性的隧道结构变形分析简化方法[J].岩土工程学报,2022,44(1):134-143,I0007.

[71] 韩兴博,叶飞,梁晓明,等.公路隧道钢筋混凝土衬砌碳化耐久性区划[J].浙江大学学报(工学版),2021,55(8):1436-1443,1463.

[72] 韩兴博,夏永旭,王永东,等.隧道衬砌抗弯承载能力概率劣化模型[J].浙江大学学报(工学版),2019,53(11):2175-2184.

[73] 尹蓉蓉.基于蒙特卡罗有限元法分析运营中的厦门海底隧道荷载效应[J].江苏科技大学学报(自然科学版),2013,27(4):331-336.

[74] 孙作强.隧道衬砌截面极限承载力评价方法及其应用研究[D].北京:北京交通大学,2019.

[75] 国家质量技术监督局,中华人民共和国建设部.公路工程结构可靠度设计

统一标准:GB/T 50283—1999[S].北京:中国计划出版社,1999.

[76] 包德勇,员健祥,张建风,等.基于可靠度理论的铁路隧道复合式衬砌结构设计软件研究及应用[J].石家庄铁道大学学报(自然科学版),2023,36(1):69-76.

[77] ZHANG C Y,LI W G,LIU D,et al.Seismic reliability research of continuous girder bridge considering fault-tolerant semi-active control [J].Structural Safety,2023,102:102322.

[78] 刘斌,李刚,黄春富,等.基于可靠度的地下互通立交匝道坡度指标研究[J].公路,2022,67(10):9-17.

[79] 陈海军,张聚文,孙志彬,等.基于上限分析与随机响应面法的盾构隧道掌子面可靠度研究[J].隧道建设(中英文),2022,42(7):1177-1186.

[80] 李天胜,何川,方砚兵,等.基于围岩变形失效的隧道结构可靠度设计方法[J].西南交通大学学报:2023,58(3):613-621.